에리히 프롬의 『건전한 사회』 읽기

세창명저산책_075

에리히 프롬의 『건전한 사회』 읽기

초판 1쇄 인쇄   2020년 11월 6일
초판 1쇄 발행   2020년 11월 13일
–
지은이   최흥순
펴낸이   이방원
기획위원   원당희
편 집   안효희 · 김명희 · 정조연 · 정우경 · 송원빈 · 최선희 · 조상희
디자인   손경화 · 박혜옥 · 양혜진   **영 업**   최성수   **마케팅**   이예희
–
펴낸곳   세창미디어

신고번호 제312-2013-000002호   주소 03735 서울시 서대문구 경기대로 88 냉천빌딩 4층

전화 723-8660   팩스 720-4579   이메일 edit@sechangpub.co.kr   홈페이지 http://www.sechangpub.co.kr

블로그 blog.naver.com/scpc1992   페이스북 fb.me/Sechangofficial   인스타그램 @sechang_official
–
ISBN   978-89-5586-633-9   02300

이 도서의 국립중앙도서관 출판예정도서목록(CIP)은 서지정보유통지원시스템 홈페이지(http://seoji.nl.go.kr)와 국가자료종합목록 구축시스템(http://kolis-net.nl.go.kr)에서 이용하실 수 있습니다.(CIP제어번호: CIP2020044751)

_이미지 출처: https://commons.wikimedia.org/wiki/File:Erich_Fromm_1974.jpg(Author: Müller-May)

세창명저산책_075

Erich FROMM

최흥순 지음

에리히 프롬의 『건전한 사회』 읽기

세창미디어 MEDIA

지금으로부터 약 30여 년 전 필자가 소개하려는 이 책, 에리히 프롬(Erich Fromm)의 『건전한 사회』를 읽고 엄청난 충격을 받았던 기억이 지금도 생생하다. 그 당시 철학과 윤리를 연구한 지 상당한 시간이 지났던 때여서 필자 나름으로는 어느 정도 철학책을 소화하고 있었다고 철없는 지적 교만을 지니고 있었는데, 에리히 프롬의 이 책은 그런 필자의 어리석은 태도를 여지없이 깨뜨려 주었다.

어떤 사회가 아무리 물질적으로 풍요롭고, 그 사회의 구성원들이 잘살고 있다고 느끼고 있으며, "구성원 각자 나름으로 그 사회에 잘 적응해 지내고 있다 할지라도 그 사회 자체는 심각한 문제를 지닐 수 있다"는 프롬의 지적은 정말 놀라운 주장이었다. 그의 시대를 꿰뚫는 통찰력은 철학사상이 어떻게 살아

움직여야 할지를 여실히 보여 주고 있었다. 특히 필자가 몇 번에 걸쳐 학술적 연구의 기회를 가졌던 미국 사회가 상당히 심각할 정도의 '불건전한 사회'라는 그의 주장은 필자의 학문적 시각을 새롭게 열게 했다.

과연 우리가 살고 있는 사회는 어떤 사회인가? 건전한 사회인가? 아니면 불건강한 사회인가? 세계의 다양한 사회를 가늠하는 절대 기준은 과연 존재할까? 있다면 그것은 무엇일까? 사회철학이나 정치철학 혹은 현대 윤리학 등에서 끊임없이 논의되고 있는 이 문제에 대해서 저명한 사회 심리학자이며, 사회사상가였던 에리히 프롬은 어떤 대답을 하였을까? 이 책의 모든 전개는 바로 위의 질문에 초점을 맞추고 있다.

비록 이 책이 프롬의 저명한 저술에 대한 간략한 소개서이기는 하지만, 프롬이 제기하고 있는 문제와 그에 대한 프롬적 대안은 오늘날 사회적으로 많은 문제를 지니고 있는 현 한국사회를 조명해 볼 수 있는 좋은 등불이라고 여겨진다. 따라서 필자는 프롬의 근본적인 주장을 따라가면서 가능한 한 일반 독자 누구나 쉽게 이해할 수 있도록 간략히 정리하고자 노력하였다.

그렇지만 이와 같은 소개서가 지니고 있는 약점을 보완해 보고자 원저작의 중요 부분에 대해서는 직접 번역하여 그 인용문을 곳곳에 배치해 놓았다. 사상이나 철학은 단순히 쉽게 요약할 수 없는 부분이 있기 때문이다. 그리하여 독자 제현께서 이 책을 읽어 나갈 때, 원문이 지니고 있는 깊이를 맛보면서 인간과 사회에 대한 자신의 관점을 정립시키는 데 다소 도움이 되었으면 하는 마음 간절하다.

마지막으로 오랜 기간 동안 원고를 기다려 준 세창미디어 관계자 여러분께 깊이 감사드리고, 늘 뒤에서 격려해 준 가족에게 고마움을 전한다. 육십 평생 학문의 길을 인도하신 하나님께 모든 영광을 돌린다.

2020년 10월
근학재(勤學齋)에서
仁中 최 흥 순(崔興淳)

| CONTENTS |

1. 이 책의 참고 원본은 Erich Fromm, *The Sane Society*, London and Henley: Routledge & Kegan Paul Ltd., 1963년판이다. 따라서 이 책의 모든 직접 인용문 페이지는 이 판본의 것이다.

2. 원본에 강조를 위해 사용된 큰따옴표는 우리 표기법과는 맞지 않아, 작은따옴표나 〈   〉로 표기하였다. 또, 원문의 이탤릭체 강조에 대해서도 위 두 가지를 사용하였다.

3. 독자들의 정확한 원문 이해 및 뉘앙스를 살리기 위해서 중요 용어나 문구에 한글과 영어를 병기하였다.

4. 직접 인용문 내의 진한 고딕체는 독자의 빠른 이해를 돕기 위한 것으로, 필자의 것이다.

제1장
우리는 정상인가?

우리는 대부분 자기 자신에 대해서 정신적으로 아주 정상이라고 생각한다. 즉 자신의 정상성에 대해서 그렇게 크게 의심하지 않고 잘 살아가고 있다. 그러나 과연 우리들은 정신적으로 정상인가? 에리히 프롬은 우리에게 이러한 질문을 던지면서 자신의 주요 저술인 『건전한 사회』를 출발시키고 있다.

프롬에 따르면 우리는 정신병원에 있는 환자들에 대해서 참 안됐다는 생각을 하고 있지만, 역설적이게도 정신병원에 있는 상당수의 환자는 자신을 제외한 다른 사람들이 미쳤다고 보고 있다는 것이다. 과연 우리는 그들에 비해서 확실히 정신적으로 건강하다고 확신할 수 있을까?

흔히 우리가 정신 장애의 문제를 놓고 이야기할 때, 그 문제는 극히 개인적인 문제, 개인적인 사건(individual incidents)이라고 생각하기 쉽다. 보통 우리가 살고 있는 이 사회는 잘 돌아가고 있는데, 이 사회의 '적응에 실패한' 사람들이 정신질환을 앓는다고 생각하고 있다. 그런데 이런 평범한 우리의 생각에 프롬은 제동을 걸고 있다. 우리는 우리 자신을 잘 이해하지 못하고 있으며, 특히 우리가 사는 사회가 어떤 모습인지 잘 모르고 있다는 것이다. 마치 어항 속에 있는 물고기가 자신이 속해 있는 어항이 어떤 모습인지 전혀 모른 채 평생을 살아가듯이, 우리들은 인생이라는 어항 속에서 그저 생존하기에 급급하다는 것이다.

따라서 우리가 제정신을 갖고 자신을 살피고, 자신이 속해 있는 사회를 살피고, 자신의 역사를 살펴보게 되면 놀라운 사실을 발견하게 된다는 말이다. 프롬은 서구에서 벌어졌던 1·2차 세계대전과 같은 대규모의 전쟁을 예로 들면서, 그 전쟁에 참여했던 사람들은 자기 나라를 위해, 명예를 위해, 신의 가호를 받으면서 정당하게 잘 싸우고 있고, 상대방은 반드시 타도되어야 할 전쟁 미치광이로 이해하고 있었다고 고발한다. 특히 심각한 것은 그런 대규모 전쟁 이후 과거에는 상상도 할 수 없었던 핵무기가 개발되어서 잘못하면 인류 문명 전체가 파멸될 위험에 도달해 있다는 사실이다.[1] 모든 것이 불안한 이유가 위와 같은 전쟁이나, 대규모의 살상 무기가 어수룩하기 짝이 없는 정치인들의 손아귀에서 놀아난다는 것이다.

현재 인류는 경제적인 측면에서 과거 어느 때보다도 많은 생산을 하고 부를 축적했음에도 불구하고, 세계적인 부의 불균형으로 인해서 고통을 받는 인구가 엄청나다는 것을 우리는 잘 알고 있다. 그런데도 각 나라는 매년 거액의 군사비를 지출하면서 세계평화를 어지럽게 하는 실정이다. 과연 이런 현상이 제정신을 가진 사람들의 올바른 행위인가를 프롬은 거론하고 있다.

문화적인 측면에서도 우리는 각종 대중 매체, 즉 신문, 잡지, 영화, 텔레비전 등을 접하면서 너무 많은 광고에 물들어 있고,

---

[1] 프롬이 『건전한 사회』를 집필했던 시기가 1955년이었으며, 제2차 세계대전 이후, 미국과 소련의 핵무기 개발 경쟁이 한참 진행 중이었던 때라는 것을 인식할 필요가 있다. 1945년 미국이 원자폭탄을 개발한 이후, 1952년에 수소폭탄을 만들었고, 소련도 1949년에 원자폭탄을, 1953년에 수소폭탄 개발에 성공했다.

쓸데없는 이야기에 귀를 기울이면서 점차적으로 영혼이 피폐해져 가고 있다는 것이다. 더 심각한 문제는 그러한 정신적 공허감 자체를 현대인들이 제대로 파악하지 못하고 있다는 사실이다.

현대의 많은 정신과 의사들이나 심리학자들은 사회 전체가 불건강한 모습을 지닐 수 있다는 사실을 인정하지 않으려 하고 있다고 프롬은 보고 있다. 그들은 단지 정신질환을 앓고 있거나, 심리적으로 문제가 있는 사람들은 그 사회에 대한 적응력을 잃은 개인(unadjusted individuals)의 문제로 치부할 뿐, 우리가 속해 있는 사회의 문화 자체가 잘못될 수는 없다고 본다는 것이다. 프롬은 바로 이 점을 지적하고 있다. 즉 현대의 다양한 정신질환은 단지 개인의 문제만이 아니라, 그런 질환을 만들어 내는 사회 전체가 잘못될 수 있다는 말이다. 따라서 개인의 병리학 문제가 아닌, 현대 서구 사회의 병리학(pathology of contemporary Western society)적 문제를 심각하게 다루어야 할 때가 되었다고 강조하고 있다.

그는 그러한 근거로 서구 사회에서 발생한 여러 사회적 통계자료를 우리에게 제시하는바, 서구 여러 국가의 자살률, 음주

중독률, 살인 범죄율 등을 비교·분석하면서 몇 가지 중요한 결론을 내놓고 있다. 즉 자살률을 놓고 볼 때, 물질적으로 가난한 나라 사람들의 자살률이 높은 것이 아니라, 물질적 번영이 있는 나라, 예를 들면 덴마크, 스위스 같은 나라의 자살률이 북아일랜드나 아일랜드 공화국보다 높게 나왔고, 음주중독률은 미국이나 프랑스가, 살인범죄율은 미국과 이탈리아가 다른 유럽의 나라보다 월등히 높게 나왔다. 즉 프롬에 의하면 물질적으로 풍요로운 나라에서 자살이나 음주중독률, 살인 범죄율이 높게 나온 이유는 단순히 안락한 생활, 안정된 민주주의, 부의 축적만으로는 정신적 불안정성이나, 불건강함을 해소할 수 없다는 증거라는 것이다. 프롬이 제시하는 통계가 현대의 모든 정신적 상황을 설명하는 데에는 부족하지만, 적어도 서구 사회가 지향하고 있는 생활양식이나 그들의 삶의 목표에 근본적인 문제가 있음을 드러내는 데에는 그리 부족하지 않은 셈이다.

그야말로 사람은 〈빵만으로는 살아갈 수 없는(man lives not by bread alone)〉 존재라는 사실을 위의 사례에서 잘 볼 수 있으며, 현대 문명이 인간의 깊은 욕구를 충분히 만족시키지 못했음을 잘 드러냈다고 본다.

프롬은 현대 서구 문화가 그 체제에서 살고 있는 사람들의 정신 건강에 어떤 영향을 주고 있으며, 만약 '건전한 사회 건설'이라는 목표에 실패했다면, 어떤 면에서 실패했는지를 비판적으로 논구하고자 하였다. 그는 그와 관련된 여러 가지 구체적 논의에 앞서 먼저 정신적 정상 상태가 무엇인지 설명하고 있다.

제2장
사회도 병들 수 있는가?
― '정상'에 대한 병리학적 접근

    실상 '사회 전체가 정신 건강을 잃을 수 있다'고 주장한다면, 사회학적 상대주의를 주장하는 학자들은 크게 반대할 것이다. 그들의 주장에 따르면 어떤 사회든 간에 그 사회가 제 기능을 잘 발휘하고 있다면, 그 사회는 지극히 정상인 사회이며, 병리(病理, pathology)라고 하는 것은 개개인이 그 사회에 잘 적응하지 못할 때 발생할 뿐이라는 것이다.

    프롬이 건전한 사회(sane society)라고 말할 때에는 위의 사회학적 상대주의와는 그 전제를 달리하고 있다. 즉 사회에는 건전한 사회와 불건전한 사회가 존재할 수 있다는 것이다. 그리고 이러한 가설은 정신 건강에 있어, 인류에게 적합한 보편적인 기준이 있고 그 기준에 따라 각 사회의 정신 건강 상태를 점검해 볼 수 있음을 의미하는 것이다. 이러한 자신의 입장을 프롬은 〈규범적 인본주의(normative humanism)〉라고 부르고 있다.

'인간'이라는 종(種)은 결코 해부학이나 생리학적 용어만으로는 설명할 수 없는 존재이다. 인간은 너무나 복잡한 존재여서 심리학만으로도 정의내릴 수 없다. 우리는 인간에 대해서 너무도 모르고 있다. 지금까지 우리가 알고 있는 인간성(human nature)이라고 하는 것도 다양한 현상의 부분적 표현에 지나지 않는다. 문제는 인간성에 대한 잘못된 정의를 바탕으로, 어떤 특정 유형의 사회를 정상적 사회라고 잘못 변호해 왔다는 것이다.

18세기 이후 자유주의자들은 인간의 본성에는 유연성이 있어서 환경적 요소가 결정적 영향력을 끼친다고 강조해 왔다. 인간의 정신적 틀은 백지와 같으며, 선천적인 어떤 고유한 특성도 존재하지 않는다고 보았다. 그러나 이러한 전제는 그 반대의 경우와 마찬가지로 사회발전에 해를 끼칠 수 있다고 프롬은 본다. 정말 중요한 것은 병적인 것이든, 정상적인 것이든 서로 다른 개개의 인간과 문화 속에 나타난 인간성에 대한 수많은 표명 가운데에서, 인류 전체의 공통적인 핵심을 이끌어 내는 것이다. 더 나아가 그 작업은 인간의 본성이 고유하게 지니고 있는 법칙들과 인간의 발전을 위한 고유한 목표를 인식하는 데까지 전개되어야 한다고 프롬은 강조한다.

인간은 자기를 둘러싸고 있는 세계를 변형시킨 것처럼, 인류사를 통해서 자기 자신을 변모시켜 왔다. 인간은 늘 그러했듯이, 자기 자신의 창조물인 것이다. 인간에게는 생물학적 요소도 있고, 사회학적 요소도 있다. 이 둘을 분리해서 인간을 이해할 수 없다. 인간에 있어서 열정과 욕구는 인간의 총체적 존재성(total existence)으로부터 나오는 것이다. 인간의 열정과 욕구는 자신의 건강과 행복에 기여하기도 하고, 때로는 질병과 불행을 가져다주기도 한다. 문제는 어떤 특정 사회 질서 속에서 어떤 요소가 더 지배적이고, 더 두드러져 나오느냐 하는 것이다. 즉 어떤 주어진 문화 속에서 늘 인간의 본성은 드러나게 되어 있지만, 그 인간 본성의 드러냄(manifestation of human nature)이란 것도 결국 그가 살고 있는 사회체제에 의해 제약될 수밖에 없는 것이다.

그러면서 프롬은 자신이 주장하고 있는 규범적 인본주의는 인간 존재 문제의 해결에 있어서 올바른 해결과 그릇된 해결, 만족스런 해결과 불만족스러운 해결이 있음을 전제하고 있다고 주장한다. 한마디로 인간의 정신건강은 인간 본성이 지니고 있는 특질과 법칙에 따라 충분히 성숙되었느냐에 달려있다는 것이다.

따라서 이러한 정신건강에 대한 정의를 바탕으로, 정상의 기준은 어떤 개인이 특정 사회 질서에 잘 적응하느냐 그렇지 않느냐에 달린 것이 아니라, 인간 존재의 문제에 해답을 주는 보편적인 것을 그 자신의 삶에서 잘 실현했느냐 그렇지 않느냐에 달려있는 것이다. 프롬은 한 사회 구성원의 정신 상태를 점검할 때, 우리가 가장 속기 쉬운 것이 바로 〈합의적 정당성(consensual validation)〉이라고 본다. 대부분의 많은 사람들이 비슷한 생각과 감정을 가지고 있을 경우, 그것은 의례적으로 정당한 것으로 간주되어진다는 것이다. 그러나 이것처럼 진리와 동떨어진 것은 없다.

합의적 정당성은 인간의 이성(理性)이나 정신건강과는 어떤 연관성도 가지고 있지 못하다. 수백만 명이 동일한 악행을 저질렀다고 해서 그 악은 결코 미덕이 될 수 없고, 그 모두가 오류를 범했을 때에도 그 오류는 결코 진리가 될 수 없는 것이다. 마찬가지로 수백만 명이 같은 형태의 정신 질환을 드러냈다면, 그 사람들은 정신적으로 건강한 사람들이 아닌 것이다.

물론 개인적 정신 질환과 사회적 정신 질환 사이에는 중요한 차이점이 있을 수 있다. 즉 하나는 '결함(defect)'의 개념으로 다른 하나는 '노이로제(neurosis)'로 이해할 수 있다. 여기에서 프롬은 인간이 추구하고 있는 객관적 목표로 〈자유와 자율성(freedom and spontaneity)〉을 들고 있다. 그리고 이러한 자유와 자율성 실천 및 진정한 자기표현을 대다수의 구성원들이 제대로 하고 있지 못한 사회가 있다면, 그 사회는 사회적으로 틀이 잡힌 결함(socially patterned defect)을 지니고 있는 사회인 것이다.

문제는 그와 같은 결함을 한 사회에서 여러 사람이 공유하고 있을 때, 그 결함을 결함으로 보고 있지 않다는 것이다. 프롬은 사회적으로 정형화된 결함 문제를 스피노자의 다음과 같은 글에서 그 예를 들고 있다.

많은 사람들이 오직 한 가지에만 사로잡혀 있고, 끊임없이 그것의 영향력 아래에 놓여져 있다고 생각해 보자. 그의 모든 감정은 오직 그 하나의 대상에 영향을 받고 있고, 그 대상은 확실히 존재해 있다고 굳게 믿고 있다. 그러나 확실히 존재하고 있다고 믿는 그 대상이 실제로는 존재하지 않는 사태가 그 사람이 깨어있을 때 벌어진다면, 우리는 그 사람을 미친 사람으로 취급할 것이다. … 만약 탐욕에 가득 찬 인간이 오직 돈과 재물만 생각하고 있고, 야망에 가득 찬 사람이 오직 명예만을 생각하고 있다면, 우리들은 그 사람들을 미친 사람으로 보지 않고 단지 골치 아픈 인간으로 파악한다. 일반적으로 사람들은 그들을 경멸한다. 그러나 사람들이 탐욕과 야망 등은 〈병(illness)〉이 아니라고 생각하고 있지만, 실제에 있어 그것들이야말로 〈미친 상태(forms of insanity)〉인 것이다.[2]

프롬은 수백 년 전에 쓰인 스피노자의 이 말은 지금도 여전히 진리라고 강조한다. 문제는 그러한 탐욕과 야망과 같은 인간적인 결함들이 오늘날 문화 속에서는 경멸이 되기는커녕 보편적

---

2   Erich Fromm, *The Sane Society*(London and Henley: Routlegde & Kegan Paul Ltd., 1963), p.16. (앞으로 'TSS'로 약칭하겠음.) 원문은 스피노자(Spinoza), 『윤리학(*Ethics*)』, 제4부 정리(定理) 44.

인 현상으로 자리잡았다는 것이다.

현대인들은 자동화된 인형처럼 생활하고 있으며, 자신의 실재를 제대로 인식하지도 못하고 자신이 아닌 다른 사람처럼 행동하고, 가식적인 웃음을 지으며, 속마음을 터놓고 나누는 대화 대신에 쓸데없는 잡담으로 시간을 보내며, 자포자기의 상태에서 끝없이 방황하고 있다. 즉 타율성에 이끌려 몰개성적으로 살고 있다. 현대 문화란 이런 수백만의 사람들에게 그들의 결함을 지닌 채 그럭저럭 살아가도록 진정제 역할을 해주고 있을 뿐이다.

만약 한 달 동안 영화, 라디오, 텔레비전, 각종 스포츠 경기, 신문 등의 기능이 마비되었다고 상상해 보자.[3] 아마 짧은 기간임에도 불구하고 많은 사람들이 신경 쇠약증에 빠지고, 심각한 정신 질환에 걸릴 가능성이 아주 높을 것이다. 즉 '사회적으로 널리 퍼져 있는 인간적 결함'을 치유할 진정제가 사라진다면, 현대 사회의 정신 질환은 보다 명확하게 들어날 것이라고 프롬

---

[3] 물론 오늘날에는 컴퓨터, 인터넷, 휴대폰 등의 사용 정지가 더 첨가되어야 할 것이다.

은 예견하고 있다.

또 그 질환이 더 심한 사람들에게는 현대 문화가 제공하는 진정제로는 그들의 정신질환을 막지 못할지 모른다. 예를 들어 권력과 명예 쟁취를 삶의 목적으로 삼는 사람들은 유치한 과장과 허망함 속에 기적을 바라다가, 나중에는 공허감과 고통 속에서 마무리하고 마는 경우, 중증의 정신질환에 걸리게 된다.

여하튼 일견 우리가 속해 있는 사회가 뚜렷한 증상을 보이고 있는 정신질환에 대해 진정제를 계속 투입하는 한, 그 사회는 큰 문제없이 자신의 기능을 그래도 잘 발휘할 수 있을 것이라는 막연한 느낌을 지닐 수 있지만, 역사는 그렇지 않다는 것을 보여준다.

저명한 정신분석학자 프로이트(Sigmund Freud)는 그의 저서 『문명과 그 불만(*Civilization and Its Discontents*)』[4]에서 인간의 본성과 사회는 서로 어긋난 요구를 가질 수 있으며, 따라서 '사회 전체가 병들 수 있다'는 가설을 아주 광범위하게 논의하고 있다. 프로

---

4 우리말 번역은 S. 프로이트 지음, 『문명 속의 불만』, 성해영 옮김, 서울대 출판문화원, 2014.

이트는 두 가지의 전제를 가지고 자신의 주장을 전개하고 있다. 즉 모든 문화와 시대를 통해서 인류에게 공통되는 인간의 본성이 있다는 전제와, 그러한 본성에 선천적인 갈망과 욕구가 존재해 있다는 전제이다. 그에 따르면 인간의 문화와 문명은 인간의 욕구에 대립하여 발전되어온 바, 점점 문화와 문명이 증가하면서 〈사회적 정신질환(social neurosis)〉이 만들어졌다는 것이다. 그리하여 프로이트는 다음과 같이 말하고 있다.

만일 문명의 진전과 개인의 발달이 넓게 보아 아주 유사하다면, 그래서 양쪽 모두에 같은 방법을 적용시킨다면, 많은 문명의 체제, 더 넓게는 인류 전체에까지, 문명화되는 과정에서 오는 억압으로 인해 점점 더 많은 정신 질환에 걸릴 수밖에 없다는 진단은 정당화될 수 있지 않을까? … 나는 정신분석학을 문명사회에 대해 응용해서 시도해 보는 것이 상상에 불과하다거나, 불행한 결과를 가져와서 별 소득도 없을 것이라고 생각하지 않는다. 그러나 우리들은 단지 그 둘의 유사성만을 다루고 있다는 사실에 조심해야 할 것이다. … 우리가 다루고자 하는 〈집단적 정신 질환(collective neuroses)〉에 대한 진단은 특별히 어려움에 직면할 수 있을 것이다. … 우리의 지식을 치료에 응용함에 있어서 사회적 정신 질환에 대한 예리한 분석이 과연 어떤 소용이 있을 것인가? 왜냐하면 어느 누구도 어떤 사회공동체에 그 진단을 적용할 강제적 힘을 갖기 어렵기 때문이다. 이런 어려움에도 불구하고, 우리들은 미래의 누군가가 이러한 〈문명 공동체의 병리에 대한 탐구 (research into the pathology of civilized communities)〉라는 모험을 감행할 것이라고 기대하고 있다.[5]

그리고 프롬은 바로 자신의 책이 위의 프로이트적 요청에 대한 응답이라고 말하고 있다. 즉 프롬의 『건전한 사회』라는 저술은 프로이트의 『문명과 그 불만』에서 남겨 놓았던 과제, **"인간의 행복을 달성하기 위해 만들어 놓은 문명이 왜 오히려 인간을 불행하게 만드는가?"**에 대한 프롬적 답변인 것이다. 그리하여 프롬은 '건전한 사회'란 〈인간의 욕구(needs of man)〉에 대해 올바르게 응답하는 사회라는 발상을 자신의 사상적 기초로 두고 글을 전개시키고 있다.

---

5 TSS, p. 20.

따라서 그는 먼저 인간의 본성이 무엇인지 논의를 하고, 그 본성으로부터 나오는 욕구란 무엇인지를 규명하고자 한다. 그런 뒤, 인류의 진화과정에서 과연 사회는 어떤 역할을 해 왔는지를 탐구하고, 인간의 본성과 사회 사이에 발생하는 갈등, 특히 현대 사회에서 벌어지고 있는 여러 갈등을 분석한다. 그리고 마지막으로 사회가 인간의 발전을 촉진시키기 위해 어떤 것들이 필요한지 그 대안을 제시하고 있다.

제3장
인간의 상황
— 인본주의적 정신분석학에의 열쇠

1. 인간의 상황

인간은 그 육체적, 생리적 기능을 놓고 보았을 때, 동물의 세계에 속해 있다. 동물의 기능은 자신의 본능에 의해 결정되며, 특정한 행동양식으로서의 본능은 선천적인 신경 구조에 의해 결정된다. 고등동물일수록 발달 단계에 있어 행동양식이 유연하며, 출생 시에는 환경에 대한 적응이 하급동물에 비해서 불완전하다. 고등 영장류(靈長類)로 올라갈수록 지능(intelligence)은 높아진다. 지능을 사용한다는 것은 자신의 목표를 성취하기 위해 사고력을 활용하여서 단순한 본능적 행동양식을 넘어서는 것을 의미한다. 그러나 동물의 세계 안에서 얼마나 많은 진화가 거듭되었든지 간에 생존을 위한 기본 요소는 여전히 남아 있게 된다.

동물은 자연의 생물학적 법칙에 의해 '살아가게' 된다. 동물은 자연의 일부분이며, 결코 자연을 넘어설 수 없다. 동물은 도덕적 양심, 자신에 대한 자의식, 실존의식, 이성(理性, reason) 등을 갖지 못한다. 이성이란 감각에 의해 파악된 현상 너머에 있는 본질을 이해할 수 있는 능력을 의미한다. 따라서 동물은 어떤 것의 실용성에 대한 이해는 가지고 있지만, 진리에 대한 개념은 가지고 있지 않다.

동물적 실존이란 동물과 자연과 조화를 이루면서 살아가는 것을 뜻한다. 동물의 진화 과정에서 어떤 특이한 분기점이 나타나게 되는데, 그것은 세상에 물질이 처음 만들어졌을 때나, 생명이 처음 출현했을 때나, 동물이 처음 탄생했을 때만큼 큰 사태가 생겨나게 된다. 즉 자연 안에 있으면서 자연을 초월하는 존재, 생명체로서의 단순한 피동적 역할에서 벗어나는 존재, 생물학적으로 말해서 가장 무력한 동물(most helpless animal)인 인간이 탄생한 것이다. 그리고 이 인간으로 인해서 생명은 비로소 자신을 의식하게(life became aware of itself) 되었다. 프롬은 인간에 대해 다음처럼 기술하고 있다.

자아의식, 이성, 상상력은 동물적 실존의 특징인 자연과의 조화를 깨뜨렸다. 인간은 우주의 이단자이자, 괴짜로 세상에 출현하였다. 인간은 자연의 일부분이며, 물리적 법칙에는 순응하지만, 그 밖의 부분에서는 자연을 초월해 있다. 인간은 자연의 일부분으로 있으면서, 동시에 자연과는 외따로 있다. 인간은 어느 한곳에 머물러 있지 않지만, 동시에 다른 여타의 존재들과 서로 얽어져 있다. 인간은 이 세계에, 우연한 시-공간에 던져져 있다가, 또 우연히 세계로부터 추방을 당하는 존재이다. 인간은 자신의 무력함과 자신의 존재의 한계를 느끼며 살아간다. 인간은 자신의 종말인, 죽음을 미리 그려볼 줄 아는 존재이며, 삶과 죽음이라는 존재의 모순에서 자유롭지 못하다. …
인간에게 주어진 축복으로서의 이성(理性)은 또한 저주이기도 하다. 인간의 이성은 풀리지 않는 모순의 문제를 끝없이 풀어보려고 노력하게끔 만든다. 이런 면에서 인간은 다른 유기체와는 다르다. 인간 존재는 끊임없이 불균형한 상태에 머물러 있다. 인간은 살아지는 것이 아니라(cannot be lived), 살아가야(must live) 하는 것이다. 인간은 또한 권태를 느낄 수 있는 유일한 동물이며, 낙원으로부터의 추방을 느낄 수 있는 유일한 동물이다. 인간은 또 그 자신의 실존을 하나의 문제로 파악하고, 그 실존문제로부터 벗어날 수 없다는 사실을 깨닫고 있는 유일한 동물이다.[6]

탄생 초기의 인간 이성은 아주 미발달되어 있으며, 자연의 변화 과정에 대한 충분한 지식도 가지고 있지 않다. 또 잃어버린 본능을 대신할 어떤 도구도 가지고 있지 않다. 성경에서 말하고 있는 낙원, 즉 〈에덴 동산으로부터의 추방 이야기〉는 자연과의 완전한 조화 속에서 자신에 대한 의식 없이 살아가다가, 최초의 자유 행위, 즉 절대자 하나님에 대한 명령에 불복종하면서 인간의 역사가 시작되었음을 잘 보여주고 있다. 또 그에 따라서 인간은 비로소 자기 자신을 알게 되었으며, 자연과의 격리상태와 자신의 무기력함을 깨닫게 된 것이다.

인간이 진화했다는 사실은 인간이 그 자신의 본래 고향인 자

---

6   TSS, p. 24.

연을 상실했다는 사실에 그 근거를 두고 있다. 인간은 결코 다시 자연으로 돌아갈 수 없으며, 다시 동물이 될 수는 없다. 인간이 선택할 수 있는 길은 단 하나, 자신의 고향인 자연에서 완전히 벗어나서 새로운 거처를 마련하는 것이다. 즉 세계를 인간의 세계로 만들고, 그 스스로 〈진짜 인간이 됨으로써(becoming truly human himself)〉, 전혀 다른 새로운 세계를 창조하는 것이다.

인간은 자연으로부터 벗어났지만, 여전히 그 안에 머물러 있다. 인간은 부분적으로는 신성(神性)을 지니고 있고, 부분적으로는 여전히 동물이다. 인간적 실존의 모순을 새롭게 해결하려는 필연성이야말로 모든 정신력의 원천이다. 인간은 반드시 자연, 자신의 동족 및 자신과의 고차원적 조화를 발견해야만 한다. 인간도 동물인 한, 굶주림, 갈증, 성적 욕구 등이 충족되어야 하지만, 이러한 생리적 욕구에 대한 충족만으로 인간을 행복하게 해 줄 수 없으며, 정신적으로 건강하게 할 수 없다. 인간의 영혼을 이해하기 위해서는 인간 생존 조건에서 나오는 인간의 욕구 분석에 그 바탕을 두어야만 한다.

인간의 탄생은 어머니의 자궁으로부터 분리됨으로 멈추어지는 것이 아니다. 그것은 오직 육체적 탄생에 불과하다. 인간의 정신은 육체적 탄생 이후에도 계속 성장하는 것이다. 즉 인간의 성숙은 그 삶 전체를 통해서 계속적으로 진행되는 것이다. 그런 면에서 '인간의 생애는 자신을 탄생시켜 나가는 과정'이라고 할 수 있겠다.

인류의 진화에 관련된 우리의 모든 앎과 관련지어 볼 때, 인간의 탄생은 개인의 탄생과 거의 같은 의미로 이해될 수 있다. 인류의 탄생은 〈호모 사피엔스〉라는 종(種)을 최초의 종족으로 두었으며, 이러한 인간적 삶으로의 첫발을 내딛는 데에 수십만 년이 걸렸다. 그 뒤, 인간은 마법적 전능을 지향하는 자아도취, 토테미즘, 자연숭배 등의 단계를 거쳐 양심, 객관성, 형제애 등을 자각할 수 있을 정도로 깨어나기 시작했다. 이러한 인간적 자각은 지난 4천년 동안 이집트, 중국, 인도, 팔레스타인, 그리스, 멕시코 등지에서 위대한 정신적 스승들에 의해 이루어지게 되었다.

인간에게 있어 탄생이라는 것은 자신이 익숙해져 있는 안정된 상태를 포기하고, 익숙하지 않은 새로운 상태로 진입함을 의미한다. 어린 아기에게 있어 탯줄이 끊어졌을 때, 그 어린애는 틀림없이 죽음의 공포를 체험했을 것이다. 즉 인간에게 있어 새로운 탄생이란 항상 두려움을 전제로 한다. 그리하여 인간은 두 가지 모순된 성향에서 쉽게 벗어날 수 없게 된다. 즉 인간은 자궁으로부터 벗어나 더욱더 인간으로 성숙되어가려는 성향과 다시 자궁으로, 다시 자연으로, 확실성과 안전성을 향해 돌아가려는 성향을 갖게 되는 것이다.

개인이나 인간의 역사에 있어, 속박으로부터 해방되어 자유를 획득하려는 성향은 분명히 드러난다. 그러나 다른 한편 인간 사회가 문명화되면 될수록 다양한 정신 질환이 발생하는 것은 위의 상반된 두 가지 성향이 격렬히 투쟁하고 있음을 여실히 보여준다.

2. 인간의 존재 조건에서 발생하는 인간의 욕구

인간의 삶은 퇴보와 진보, '동물적 생존으로의 회귀냐, 아니면 인간 실존으로의 도달이냐'라고 하는 두 선택지 간의 피할 수 없는 양자택일에 의해 결정된다. 동물적 생존으로 되돌아가려는 여러 시도는 다양한 고통과 정신 질환, 생리적 혹은 정신적 죽음, 광기 등을 야기시킨다. 문제는 인간의 모든 본능적 욕구, 즉 기아, 갈증, 성욕 등이 만족된다고 해도, 인간의 문제는 여전히 남아 있다는 것이다. 이것이 인간 존재의 특이성인 것이다. 이러한 인간의 독특한 욕구는 육체에 뿌리박은 것이 아니기 때문이다.

프롬은 이 문제를 인본주의적 정신분석(humanistic psychoanalysis)으로 풀어보려고 했다. 프로이트는 인간의 열정과 욕망을 움직이는 기본적인 힘을 리비도, 즉 성적(性的) 충동에서 찾으려 했다. 그러나 이러한 프로이트적 해결방안에 대해서 프롬은 논박을 가하였다. 즉 성적 충동이라는 것이 인간에게 있어 중요한 욕구이기는 하지만, 이것이 인간의 심리적 갈등 요인의 원인은 아니라고 본다. 프롬은 인간 행위의 동기가 되는 가장 강력한 힘은 인간의 존재 조건(condition of human existence), 즉 인간의 상황(human situation)에서 비롯된다는 것이다.

인간이 정적으로만 살아갈 수 없는 이유는 인간의 '내면적 모순' 때문이며, 인간은 이미 잃어버린 자연과의 동물적인 조화를 대신할 새로운 조화를 끊임없이 추구하고 있기 때문이다.

인간은 동물적 욕구를 만족시킨 뒤에, 인간적 욕구에 의해 행동하게 된다. 인간의 육체는 무엇을 먹고, 무엇을 피할 것인가를 인간에게 말하는 한편, 인간의 양심은 어떤 욕구를 개발시키고 충족시켜야 하며, 어떤 욕구는 줄어들게 해서 소멸시켜야 하는가를 알려주지 않으면 안 된다. … 인간에게 잠재적으로 존재하는 양심은 인간에 대한 방향 제시와 여러 원리가 필요하며, 그것들은 문화의 성장을 통해서만 발전하는 것이다.[7]

인간의 모든 열정과 노력은 인간 존재에 대한 해답을 찾으려는 시도이며, 광기(狂氣)를 피하기 위한 시도이다. 원시 종교나 유신론적 종교, 무신론적 종교 모두 인간의 존재 문제에 대한 답을 주기 위한 시도이며, 가장 야만적인 문화는 물론이고, 가장 최고 수준의 문화도 똑같은 기능을 갖는다. 다만 그 차이는 주어진 문화 안에서의 해답이 좋은 것이냐, 그렇지 않은 것이냐에 있다. 그리고 종교를 인간 존재의 문제에 대한 해답을 구하는 시도라고 이해한다면, 모든 문화는 종교적이며, 모든 정신 질환은 사적(私的)인 종교의 모습을 띠고 있다.

---

7 TSS, p. 28.

생명체의 생리적 욕구를 뛰어넘는 인간에게 주어진 특별한 욕구를 충족시키려 애쓰는 것이 일종의 관념론(idealism)이라고 하면, 모든 인간은 관념론자이며, 관념론자가 될 수밖에 없다. 차이점이 있다면, 어떤 관념론은 훌륭하고 적절한 해결책인 반면, 다른 관념론은 악하고 파괴적인 해결책이라는 점이다. 무엇이 좋고 무엇이 나쁘냐에 대한 결정은 인간의 본질과 인간의 성장을 지배하는 여러 법칙에 대한 우리의 지식에 바탕을 두고 만들어져야 할 것이다.

1) 관계 맺음과 자아도취

인간은 동물적 존재의 특징인 자연과의 일차적 연결 상태에서 벗어나서, 이성과 상상력을 가짐으로써 자신의 무기력과 무지를, 그리고 탄생과 죽음의 우연성을 깨닫게 되었다. 인간은 본능에 의해 제약을 받는 낡은 유대관계 대신, 자신의 동료와의 새로운 관계를 발견하지 못했다면 인간으로 제대로 살아갈 수 없다. 즉 모든 생리적 욕구가 충족되었다손 치더라도 인간은 그 소외감과 격리 상태를 일종의 감옥(監獄)으로 체험할 것이며, 정신적 정상 상태를 유지하기 위해 인간은 그 감옥으로부터 도피해야 한다.

다른 생명체와 결합할 필요성, 즉 다른 존재와 관계를 맺을 필요성은 인간이 정상 상태를 충분히 유지하기 위해 필수불가결한 것이다. 이 필요성이 친밀한 인간관계의 전 범위에 걸친 모든 현상의 배후에 자리잡고 있다. 즉 모든 열정 가운데에서 가장 넓은 의미의 '사랑'이라고 일컬어지는 것이 바로 그것이다.[8]

이런 결합을 추구하고 성취하는 데에는 몇 가지 방법이 있다. 첫째는 인간이 어떤 사람이나 어떤 집단, 혹은 어떤 제도나 절대자 하나님에게 복종함으로써, 세계와 하나됨을 시도할 수 있다. 인간은 자신보다 더 커다란 어떤 사람 혹은 어떤 것의 일부가 됨으로써 개별적 격리상태를 뛰어넘을 수 있게 된다. 즉 자신이 복종한 어떤 힘과 관계를 맺음으로 자기동일성을 맛보게 되는 것이다. 또 소외를 극복하는 또 다른 방법은 앞의 것과는 정반대로 세계를 지배하여, 다른 사람을 자신의 일부로 만

---

8 TSS, p. 30.

듦으로써, 개별적 존재를 뛰어넘어 세계와 자기 자신과의 결합을 이루고자 하는 것이다.

그런데 이러한 '복종'이나 '지배' 관계에서는 어느 편에 속해 있든 인간은 자신의 완전성과 자유를 상실하게 된다. 두 관계 모두 공생적(symbiotic) 성격을 지니는데 이러할 때, 친밀함에 대한 갈망은 만족되지만, 자유와 자립에 대한 또 다른 내면적 욕구로 인해서 정신적 고통을 갖게 된다. 복종적 열정, 즉 마조히즘적 열정(masochistic passion)이나 지배적 열정, 즉 사디즘적 열정(sadistic passion)은 실제로 실현되어도 만족에 도달하는 법은 없다.

그렇다면 인간이 자기 자신과 세계를 연합시키려는 욕구를 만족시키면서, 동시에 통합과 개별성을 가지려는 욕구는 어떤 것으로 만족시킬 수 있겠는가? 그것은 다름 아닌 〈사랑〉인 것이다.

사랑은 그 자신의 독립성과 온전함을 유지하는 조건 아래, 자신 밖의 타인 혹은 어떤 것과의 결합이다. 그것은 나눔과 일체화의 체험이다. 그 체험이란 그 자신의 내면적 행위를 완전히 겉으로 드러내는 것이다. 사랑을 경험한다는 것은 더 이상 환상을 필요로 하지 않는다. 사랑하는 데 있어 타인이나 자기 자신에 대한 이미지를 특별히 과장할 필요는 없다. 왜냐하면 능동적 나눔과 사랑의 실체는 자신의 개별화된 실존을 뛰어넘기 때문이다.

그리고 동시에 자기 자신을 사랑이라는 행위를 구성하고 있는 능동적 힘의 소유자로 경험하게 된다. 문제가 되는 것은 특별한 사랑의 질(質, quality)이지, 그 대상이 아니다. 사랑은 다른 동료들과의 인간적 유대 체험 안에 존재해 있다. 그러한 연결 체험은 남녀 간의 애정이나, 자식에 대한 어머니의 사랑이나, 한 인간으로서의 자신에 대한 사랑 안에 존재해 있다. 사랑은 결합이라고 하는 신비한 체험인 것이다.[9]

사랑이라는 행위를 통해 나 자신 전체와 하나가 되기도 하지만 동시에 진정한 자기 자신이 된다. 진실로 '결합'과 '분리'라고 하는 극단 속에서 사랑은 태어나고, 또 부활한다. 사랑은 자기 동료, 자기 자신, 그리고 자연에 대한 인간의 능동적이고 창조

---

9 TSS, p. 32.

적인 관계(active and creative relatedness)이다. 프롬은 이런 사랑의 특성을 '생산적 성향(productive orientation)'이라고 부르고 있다.

인간이 서로 사랑할 때, 두 사람은 하나가 되면서 동시에 둘로 남게 되는 역설적 현상이 생기게 된다. 내가 "당신을 사랑해"라고 말한다는 것은 "나는 당신 속에 있는 인간성 전부를, 살아 있는 모든 것을 사랑해. 당신 속에 있는 나 자신까지도 사랑해"라고 말하는 것이다. 이런 의미에서 우리는 이기심과 자기애(自己愛, self-love)를 구분해야 한다. 이기심은 자기 자신에 대한 진정한 사랑의 결여로 인해, 그것을 보상하려고 생겨난 '자신에 대한 탐욕적인 관심'일 뿐이다.

우리가 진정으로 사랑할 때, 우리는 더 강해지고, 더 행복해진다. 올바른 사랑을 할 때 〈나는 당신이다(I am you)〉라는 경험을 하게 된다. 이때의 당신은 내가 사랑하는 사람이며, 이방인이며, 살아 있는 모든 것이다. 프롬은 사랑의 경험을 통해, 인간이 비로소 인간이 되는 해답이 주어져 있고, 정신적인 건강함을 지니게 된다고 본다.

물론 인간의 사랑에는 다양한 형태가 있다. 예를 들어 인류애는 모든 인간을 대상으로 하고, 모성애는 어린아이나 우리의 도움을 필요로 하는 사람을 대상으로 하고, 에로스적 사랑은 오직 한 사람만을 대상으로 한다. 모성애는 하나됨에서 시작해서 분리됨으로 끝나는 데 반해, 에로스적 사랑은 분리됨에서 시작해서 하나됨으로 끝난다. 만약 에로스적 사랑이 인류애가 없는 상태에서 단순히 결합으로의 욕망으로만 진행된다면, 그것은 '사랑이 없는 성욕'으로 끝나고 말 것이다.

그리고 이러한 타인과의 관계가 모두 실패로 끝났을 경우, 우리들은 '자아도취(narcissism)'에 빠지기도 한다. 세상에 갓 태어난 아기는 아직 나와 너를 구분하지 못한다. 이때 아기는 세계와 일체 상태로 있는 듯이 보이지만, 아직 자아 감각을 갖기 이전의 일체감을 지니고 있다. 외부 세계는 단지 자신의 욕구 충족의 대상일 뿐, 아직 사물을 객관적으로 파악하지 못하고 있다. 이런 성향을 프로이트는 '일차적 자아도취(primary narcissism)'라고 부르고 있다.

인간은 성장하면서, 특히 말을 배우기 시작하면서 점점 사물을 객관적으로 보기 시작하고, 나와 너, 나와 세계를 분리시키게 된다. 인간이 정상적으로 자라면 자연히 사랑의 감정을 갖게 되고, 타인의 욕구를 자신의 욕구처럼 중요하게 느끼게 된다. 그러나 자라나는 어린아이가 이런 사랑의 능력을 정상적으로 발전시키지 못하게 되거나, 그 능력을 상실하게 되었을 경우, 이차적 자아도취에 빠지게 된다고 프로이트는 보았다.

자아도취는 중증의 모든 정신 질환의 본질이라고 프롬은 말한다. 자아도취에 빠진 사람은 단 하나의 현실만이 존재한다. 즉 자기 자신의 사고, 감정, 욕구만이 존재한다. 외부 세계는 객관적으로 인식되거나 경험되지 않는다. 가장 심한 자아도취는 여러 가지 광기(狂氣, insanity)로 나타난다.

미친 사람은 세계와의 접촉을 상실하고 만다. 즉 그는 자기 자신 안에 함몰되고 만다. 그는 참된 세계를 경험할 수 없다. 그것이 물질의 세계이든 인간의 실재이든, '있는 그대로(as it is)'를 경험하지 못한다. 단지 그것들을 자신의 내면적 정신 과정 안에서 형성하고 규정지을 뿐이다. … 자아도취는 객관성, 이성(理性), 사랑의 정반대 쪽에 위치해 있다.[10]

---

10 TSS, p. 36.

〈자신이 세계와 관계 맺는 것에 완전히 실패했다는 사실이 바로 본인이 미쳤다는 것〉을 의미한다. 다른 점에서 보면 어떤 관계를 맺고 있다는 사실은 바로 건전한 삶의 중요 조건이 된다. 그러나 다양한 여러 관계의 모습에 있어서, 오직 '생산적 관계'는 '사랑'뿐이라고 프롬은 재삼 강조한다. 오직 사랑만이 인간의 자유와 온전함을 유지시킬 수 있으며, 동시에 사랑만이 인간을 다른 사람과의 결합을 가능케 해 줄 수 있다.

2) 초월 ―창조 대 파괴―

관계 맺음을 추구하는 욕구와 아주 밀접하게 연관된 인간 상황의 또 다른 측면은 '피조물'로서의 인간의 모습이다. 그리고 인간은 이러한 수동적 피조물 상태에서 벗어나고자 한다. 인간은 자기도 모르는 사이에 이 세상에 내던져졌다. 그리고 또 자기의 의지 및 동의와는 상관없이 이 세상에서 사라지게 된다. 이런 점에 있어서 인간은 동물이나 식물, 또는 무기물과 별 차이가 없다. 그러나 인간은 이성과 상상력을 가지고 태어남으로 인해 피조물로서의 수동적 역할, 즉 세상이라는 찻잔에 던져진 주사위 역할로는 만족할 수 없는 존재이다. 인간은 자신이 '창조주(creator)'가 됨으로써 피조물의 역할이나, 자기 존재의 우연성과 수동성을 뛰어넘겠다는 충동에 이끌려진다.

인간은 생명을 창조할 수 있는 능력이 있다. 인간은 자신이 피조물인 동시에 창조주라는 사실을 자각할 줄 안다는 의미에서 다른 생물과 커다란 차이점을 지니고 있다. 인간은 생명창조만이 아니라, 물건을 생산해 내고, 예술 행위를 통해 다양한 작품을 창작해 낼 수 있다. 즉 인간은 창조행위 안에서 피조물로서의 자기 자신을 뛰어넘어 자신의 수동성, 우연성에서 벗어나 어떤 '목적과 자유의 영역'으로 자신을 이끌어올리고자 한다. 예술, 종교, 물건 생산 등은 말할 것도 없고, 자신을 초월하려는 인간의 욕구 안에 사랑의 근원에 대한 어떤 것이 자리잡고 있다.

창조한다는 것은 행동과 배려(activity and care)를 전제로 한다. 즉 우리가 창조하는 것에 대한 사랑을 전제로 하는 것이다. 그렇다면 어떻게 사람들은 자신이 창조할 능력이 없거나 사랑할 수 없다면, 자신을 초월하는 문제를 해결할 수 있을까? 이러한 초월 욕구에 대한 다른 해답이 존재해 있다. 즉 만약 내가 생명을 창조할 수 없다면, 반대로 나는 그것을 파괴할 수 있을 것이다. 생명을 파괴함으로써 나는 그것을 뛰어넘을 수 있을 것이다.[11]

생명은 그 자체로 기적이며, 쉽게 말로 설명할 수 없는 현상이다. 마찬가지로 생명을 파괴하는 행위도 자기 스스로 생명을 초월하는 또 하나의 방법이다. 인간이 자기 자신을 초월하고자할 때, 결국 두 가지의 선택지 앞에 서게 된다. 즉 창조할 것이냐, 파괴할 것이냐, 혹은 사랑할 것이냐, 아니면 미워할 것이냐이다. 지금까지의 인류의 역사에서 보았고, 제1차, 2차세계대전에서 보았듯이, 파괴하고자 하는 의지의 엄청난 힘은 창조의 충동과 마찬가지로 인간의 본성에 뿌리박고 있다고 프롬은 보고 있다.

프롬은 창조성에 대한 유일한 다른 선택지로서, 인간의 본성에 숨겨져 있는 파괴성을 들추어냈다. 창조성과 파괴성, 사랑과 미움은 서로 독립해서 존재하는 두 개의 본능이 아니다. 그둘은 양자택일의 관계이다. 파괴의 의지는 창조의 의지가 충족

---

11 TSS, p. 37.

되지 않을 때 솟구쳐 나오게 된다.

창조하고자 하는 욕구를 충족시키는 것이 행복으로의 길이며, 그
반대로 파괴는 인간에게 고통을 가져다줄 뿐이다. 그리고 무엇
보다도 파괴시키고 있는 자기 자신에게 고통을 주는 것이다.[12]

3) 정착성 ─인류애 대 근친상간─

인간으로 태어났다는 것은 자연이라는 안식처를 벗어나, 자
연과의 유대관계를 끊는 것을 의미한다. 인간이 자연이라는 기
반을 잃었다면, 인간은 홀로 남게 될 것이며 그 고독감과 무력
감을 견디어 낼 수 없게 될 것이다. 결국은 미치게 될 것이다.
따라서 인간은 자신의 안정감과 평안을 느낄 수 있는 새로운
〈인간적 뿌리(new *human* root)〉를 찾을 수밖에 없다. 그 인간적
뿌리를 찾기 전에 인간은 자연과 어머니, 즉 지연과 혈연에서
분리되지 않고자 발버둥치게 된다.

자연과의 가장 기본적인 유대관계는 어린아이와 어머니와의

---

[12] TSS, p. 38.

관계이다. 아기는 어머니의 자궁 안에서 삶을 시작하며, 출생한 뒤에는 완전히 엄마에게 의존하며 살아간다. 엄마는 아기에게 생리적으로 필요한 모든 것과 따뜻함과 사랑을 충족시켜 준다. 즉 엄마는 아기를 낳은 후에도 계속 생명을 이어주는 것이다. 엄마는 아기에게 음식, 사랑, 따뜻함, 대지(大地)이다. 엄마의 사랑을 받는다는 것은 살아 있다는 것을 의미하며, 뿌리내림과 평안함을 의미한다.

출생은 자궁이 감싸주었던 보호에서 벗어남을 의미하듯이, '성장'은 어머니의 보호 영역에서 벗어남을 의미한다. 어른이 되었다는 것은 자기 발로 서고, 자신을 스스로 돌보며, 자기는 물론 타인에 대한 책임을 지는 존재가 되었다는 것을 뜻한다. 그러나 인간은 어른이 된 뒤에도 어린아이의 갈망을 한편으로 가지고 있다. 즉 어떤 어른이라도 도움과 따뜻함, 어머니의 보호함을 필요로 한다.

정신 병리학적으로 어머니의 보호권으로부터 벗어나기를 거절하는 현상을 볼 수 있으며, 극단의 경우 어머니의 자궁 안으로 다시 돌아가려는 갈망까지도 나타난다. 이러한 욕망에 사로잡힌 사람은 조현증(調絃症, schizophrenia)[13]병세를 보이기도 한다.

이런 환자들은 아주 어린아이의 가장 기본적인 기능도 지니지 못한 채, 어머니 자궁 속의 태아처럼 느끼고 행동한다. 이런 증세를 갖고 있는 사람들의 꿈에서는 어두운 굴속에 혼자 있는 상황이라든지, 깊은 물속을 혼자서 잠수함을 타고 다니는 모습 등이 등장한다.

어머니에 대한 집착이 조금 약한 경우는 출생은 용납하되, 어머니에게서 젖떼기를 두려워하는 경우이다. 이 단계에 머물러 있는 사람은 어머니와 같은 사람의 돌봄과 보살핌과 보호받기를 간절히 원하고 있다. 이런 사람은 실제적이든 환상적이든, 어머니나 어머니를 대신할 만한 사람이 나타나게 되면 그 사람에게 영원히 의존하고 싶어 한다.

이와 같은 개인생활에서의 병리현상은 인류의 진화과정에서도 찾아볼 수 있다고 프롬은 말한다. 즉 근친상간의 타부가 대부분의 원시사회에 보편화되어 있다는 사실이 그것을 말해준다. 이러한 근친상간의 금기(禁忌)는 성적(性的)인 이유 때문이 아니라, 그 정서적인 측면의 이유로 모든 인류 발전을 위한 필

---

13 과거에는 '정신분열증'이라고 일컬었다.

요조건이다.

인간은 어머니로부터 태어나서 더 발전하기 위해 탯줄을 과감히 끊어야 한다. 즉 어머니에게 계속 연결되어 있고 싶은 갈망을 극복해 내야만 한다. 이것은 성경적으로 말하면, 에덴 동산에서 벗어난 인간이 다시 그 파라다이스로 돌아가고자 할 때, 들어오지 못하도록 그 입구를 불칼(fiery swords)을 들고 지키는 두 천사의 모습인 것이다.

근친상간의 문제는 어머니에 대한 집착에 국한되는 것이 아니라, 인간에게 뿌리의식과 소속감을 주는 모든 혈연관계에 연결된다. 즉 〈가족〉과 〈씨족〉, 국가, 민족, 교회 등 여러 형태의 관계 안에서 같은 기능을 갖게 된다. 인간 개인은 그것들에 의존하고 그 안에서 유대감을 느끼며, 그것들의 일부로서의 동질감을 지닌다. 같은 씨족에 속하지 않은 사람은 이질적이고 위험한 사람으로 간주하는 것이다.

어머니에 대한 집착은 프로이트에 의해 인종과 개인 모두를 포함한 인류 발전에 있어 중대한 문제로 여겨졌다. 그의 유명한 '오이디푸스 콤플렉스(Oedipus complex)' 이론도 바로 여기에 중점을 두고 있다. 아버지에 대한 아들의 대립을 설명하고자

할 때, 그는 아들이 아버지에 대해서 적의(敵意)를 품는 이유가 바로 어머니에 대한 성적(性的)인 경쟁의 결과라고 보았다. 그런데 이러한 프로이트적 이론에 대해서 프롬은 논박하고 있다. 즉 어머니에 대한 인간의 집착에 성적인 요소가 관련된 것은 맞지만, 중요한 것은 감정적인 집착이 너무 심해서 성욕에까지 영향을 미치는 것이지, 성욕이 그 집착의 근원은 아니라는 것이다.

따라서 청소년이 지니고 있는 성욕은 어머니로부터 〈분리〉되는 것을 돕는 힘이지, 청소년을 어머니에게 연결시키는 힘이 아니라는 주장이다. 프로이트는 근친상간에 대한 갈망이 아버지라는 경쟁자로 인해서 충족될 수 없는 것으로 이해하고 있지만, 실제에 있어 그 갈망은 성인 생활의 모든 필요조건과는 현저히 다르다고 프롬은 보고 있다. 프로이트는 근친상간 문제를 설명함에 있어 오직 성적(性的)인 요인으로 풀이하고자 함으로써, 인간에게 있어 진정으로 중요한, '참된 유대'의 감정적 의미를 놓치고 말았다는 것이다.

프롬은 프로이트가 이처럼 자신의 위대한 학문적 발견에 대해 곡해를 가진 이유로, 프로이트 생존 시 프로이트 아버지가 그에게 가졌던 엄격한 가부장적 태도에 기인한다고 평가한다. 프로이트는 어려서부터 아버지의 보호(father's protection)를 강하게 갈망하고 있었던 바, 이를 제대로 이루지 못했으며, 아버지의 죽음을 그 자신 삶에 있어서 최대의 손실로 여겼다는 것이다. 그리하여 프로이트는 어머니가 차지할 자리에 아버지를 갖다 놓았고, 어머니를 성적 욕망의 대상으로 격하시켰다고 강하게 비판하고 있다.[14]

프롬은 인간의 정신발달에 있어 어머니와의 유대관계를 중시 여겼던 학자로 프로이트보다 한 세대 먼저 살았던 요한 야콥 바흐오펜(Johann Jakob Bachofen, 1815-1887)을 꼽고 있다. 그는 어머니에 대한 집착을 단지 이성적이고 성적인 해석으로만 이해하지 않고, 보다 심오하고 객관적 사실을 바탕에 두고 파악하고자 하였다. 그는 인류가 가부장적 제도를 갖기 이전에 '모계 중심적' 사회를 두었다고 보았으며, 어머니와의 유대관계가 가

---

[14] 프로이트 사상에 대한 프롬의 자세한 논의는 다음 책을 참조할 것. Erich Fromm, *Greatness and Limitation of Freud's Thought*(Harper & Row, 1979), Erich Fromm, *Sigmund Freud's Mission: An Analysys of His Personality and Influence*(Harper & Brothers, 1970), 우리말 번역 김남석 역, 『프로이트를 넘어서』(서음출판사, 1983).

족, 사회생활, 종교에 있어서 핵심적 역할을 감당했다고 주장했다. 바흐오펜은 그동안 심리학자나 인류학자들이 소홀히 해왔던 〈사회조직과 심리구조〉를 발견하였다. 종래의 심리학자나 인류학자들은 그들이 가졌던 '가부장적 편견'으로 인해서 여성이 지배하는 사회를 상정하지 못했다. 특히 프로이트가 근친상간적 집착에 대해 부정적이고 질병적인 요인만을 보았던 것에 비해서, 바흐오펜은 모성에 대한 집착의 부정적인 측면과 함께 긍정적인 측면, 즉 양면을 명백히 발견했다.

바흐오펜이 보았던 긍정적인 측면은 모계 중심 구조에 넘쳐흐르는 생명, 자유, 평등에 대한 긍정적 감성이다. 즉 인간은 자연의 자식들이며, 어머니의 아이들이다. 인간은 모두 평등하며 동등한 권리와 권한을 가지며, 유일하게 평가해야 할 가치는 인생(life) 자체이다. 바흐오펜은 여가장적 구조가 지니고 있는 부정적인 측면도 기술한 바 있다.

인간은 자연과 혈연, 그리고 지연(地緣)에 묶여 있기 때문에 자신의 개성과 이성의 발전에 방해를 받고 있다. 그런 한에 있어서 인간은 어린아이에서 벗어날 수 없다.[15]

바흐오펜은 아버지의 역할에 대해서도 폭넓고 심오한 해석을 바탕으로 긍정적인 측면과 부정적인 측면을 아울러 제시하기도 하였다. 남성은 여성에 비해 자연에 덜 뿌리박혀 있기 때문에 생존과 안전의 바탕으로서의 자연 대신에 사상, 원리, 생산물로 이루어진 인위적 세계를 건설할 수 있는 이성(理性)을 개발할 수 있었다. 즉 어머니는 자연과 무조건적인 사랑을 상징하는 데 비해, 아버지는 추상성, 양심, 의무, 법, 위계질서 등을 상징한다.

여기에서 아버지와 어머니의 사랑에 있어 중요한 차이가 있음을 유추할 수 있다. 어머니와 아이와의 관계는 조정하거나, 통제할 수 있는 관계가 아니다. 어머니의 사랑은 은혜요, 축복이기 때문에 창조되는 것이 아니다. 그러나 아버지와의 관계는 그렇지 않다. 즉 아버지와의 관계는 조정될 수 있다고 바흐오펜은 본다. 아이는 자라면서 아버지가 바라는 일을 해 줌으로써 그 기대에 보답할 수 있고, 아버지에 대한 순종으로 인해 아버지의 사랑을 획득하게 된다. 그리하여 아버지와의 관계가 원

---

15 TSS, p. 45.

활할 때 우리는 이성, 훈련, 양심을 지니게 되며, 그 관계가 원만하지 않을 때는 억압, 불평등, 복종을 갖게 된다.

물론 인간에게는 〈아버지의 양심〉과 〈어머니의 양심〉이 있다고 프롬은 본다. 우리에 대하여 우리의 '의무를 다하라'는 목소리도 있고, 우리 자신은 물론 '남을 사랑하고 용서하라'는 목소리도 있다. 이러한 두 양심 형태는 우리가 성장하고, 성숙하면서 본래의 부모상으로부터 점차적으로 독립되어 간다. 인간에게 주어진 '의무'의 원리와 '사랑'의 원리는 어찌보면 인간 존재에 있는 고유한 모순인데, 우리는 어느 한쪽만을 강조할 수 없다. 인간은 아버지의 양심을 가지고 남을 정죄하고 판단할 수 있지만, 또 어머니의 양심을 가지고 모든 사람과 생명체에 대해서 사랑을 느끼고, 죄를 용서할 수 있는 것이다.

이러한 바흐오펜의 학설에 대한 논의 뒤에, 프롬은 인류 역사에 나타난 집착성(고착성, rootedness)의 다양한 측면에 대해 논의하였다. 즉 인간의 역사를 통해 볼 때, 자연과의 유대관계에 대한 집착은 다양한 형태의 원시신화와 종교의식에서 찾아볼 수 있는 바, 절대적 신에 대한 사상도 점차적으로 자연에서 벗어나 근친상간의 금기로까지 발전하게 되었다고 본다.

프롬은 특히 기원전 5세기경 중국의 공자와 노자, 인도의 부처, 그리스의 여러 철학자들, 팔레스타인의 다양한 예언자의 출현은 인간 역사에 있어서 새로운 지혜의 금자탑을 쌓았다고 평가한다. 즉 신(神)의 형상을 닮게 만들어진 인간은 신이 지닌 특질을 함께 나누며, 자연에서 탈피해 전적으로 새롭게 태어나고 완전한 자각을 갖고자 하였다.

주지하다시피 서양 문화는 '유대 문화'와 '그리스 문화'라는 두 개의 거대한 축 위에 건설되었다. 먼저 유대의 전통을 살펴보면 가정에서는 아버지, 사회에서는 사제와 임금, 천국에서는 아버지 하나님의 권능 위에 세워진 가부장 문화의 순수한 형태를 유지하고 있다. 앞에서 논의한 것처럼 구약 성경에 나오는 '낙원에서의 추방'은 흙에 대한 집착에서의 탈피를 의미한다.

인간은 하나님과 같은 형상으로 창조되었으며, 따라서 모든 인간은 공통된 정신적 특성과 공통적 이성, 인류애를 발휘할 수 있는 능력을 평등하게 갖추고 있다고 본다. 초기 기독교에서는 종교의 초민족적 특성을 강조함으로써 평등의 정신이 더 발전할 수 있었다. 그리하여 기독교는 사랑과 정의의 원리를 침해했다는 이유로 로마 제국의 도덕적 정당성에 도전했던 것이다.

유대-기독교 전통이 '도덕적' 측면을 강조한 데 비해, 그리스 사상은 가부장적 정신의 '지성적' 측면을 창조적으로 표출하였다. 그리스에서도 초기의 사회적, 종교적 측면에서 초기의 모성 중심의 구조에서 벗어나 가부장적 세계로 전환했음을 몇 가지 사례에서 볼 수 있다. 이브가 여성으로부터 탄생한 것이 아니라 아담의 갈비뼈로부터 만들어졌던 것처럼, 지혜의 여신 아테네도 여성으로부터 나오지 않고 남성인 제우스의 머리로부터 나왔다. 많은 남성 철학자들이 오늘날 과학의 기초를 세우고, 그 이전 어디에서도 찾아볼 수 없는 체계적인 철학사상을 발전시켰다. 또 그들은 도시 경험을 바탕으로 국가와 사회에 대한 이론을 만들어 낸 바, 이것은 거대한 통일 제국의 사회적 기반 위에서 지속되었고 로마제국으로 이어지게 된다.

아테네와 예루살렘의 정신적 유산이 북유럽 사람들에게 전달되고 충분히 퍼졌을 때에 비로소 얼어붙었던 사회구조는 녹기 시작했고, 폭발적으로 사회적, 정신적 발달이 거듭되기 시작했다.[16]

---

16 TSS, p. 56.

13-14세기 가톨릭 신학, 이탈리아의 문예부흥 운동, 개인과 자연에 대한 새로운 발견, 인본주의와 자연법 개념의 확립, 종교개혁 등 일련의 문화와 문명적 변혁은 새로운 시대를 만들었다. 봉건적 속박으로부터의 해방은 많은 사람들에게 고독감과 무기력감을 불러일으켰지만, 이것을 계기로 가부장적 원리의 긍정적 측면은 '합리주의'와 '개인주의'를 제대로 부흥시켰다는 데에 있다.

한편 16세기 이후, 특히 개신교(Protestant) 국가들의 가부장 정신의 부활은 가부장주의가 지니고 있는 〈긍정적〉 부분과 〈부정적〉 부분을 모두 보여주고 있다. 부정적 측면은 국가와 세속적 권력, 계속 증대하는 인위적 법률의 중요성 및 세속적 위계질서에 대한 새로운 복종 등에서 드러나고 있다. 긍정적 측면은 점점 증대하는 합리주의와 객관성 정신, 개인적, 사회적 양심의 성장이라고 말할 수 있다. 이러한 긍정적인 측면으로 인간 평등사상, 생명에 대한 신성불가침의식, 천부인권설 등의 내용이 자연법과 인본주의, 계몽철학과 민주사회주의(democratic socialism)의 목표 안에 고스란히 담겨지게 되었다.

산업 혁명 이후 인간은 산업 생산을 통해서 자연을 정복함으로써 혈연과 지연이라고 하는 속박으로부터 인간 스스로 해방되었다. 인간은 자연을 인간화하였으며, 동시에 자신을 자연에 귀화시켰다.

그러나 유럽인들은 중세 공동체의 전통적 속박에서 벗어나 자신을 해방시켰지만, 자신을 고립된 원자로 변형시킨 '새로운 자유에 대한 두려움'을 가지게 되었으며, 〈새로운 형태의 혈연과 지연의 우상으로 도피〉하게 되었다고 프롬은 고발한다. 그것이 바로 국수주의(國粹主義, nationalism)[17]이며 인종차별주의(racism)인 것이다. 즉 인종 또는 민족이라고 하는 우상과 결합된 '국가 숭배(worship of the state)'가 만들어졌다.

파시즘, 나치즘, 스탈린주의는 '국가'와 '종족숭배'가 결합된 가장 극단적 표출이며, 그 두 기둥은 〈총통(Fuehrer)〉이라는 모습으로 구현되었다.[18]

---

17 보통 nationalism을 민족주의 혹은 국가주의라고 번역하지만, 여기에서는 자신의 나라만을 드높이고, 다른 나라와 민족을 배척하는 극단적 태도를 의미하므로 문맥상 '국수주의'로 번역함.
18 TSS, p. 57.

프롬에 의하면, 혈연과 지연에서 자기 자신을 해방시키지 않은 사람은 아직 완전히 인간으로 태어난 존재가 아니다. 그들은 사랑과 이성의 능력을 제대로 발휘하지 못하는 불구자이며, 자기 자신과 동료를 인간적 실재로 체험하지 못하는 존재이다. 국수주의는 근친상간의 한 형태이며, 우상숭배이고, '정신 이상'인 것이다.

다른 사람에 대한 사랑을 배제하고 한 개인만을 사랑하는 것이 사랑이 아니듯, 인류 전체에 대한 사랑의 한 부분이 아닌, 어떤 한 나라에 대한 사랑은 사랑이 아니다. 그것은 우상숭배일 뿐이다.[19]

17-18세기 유럽의 대혁명들이 〈~으로부터의 자유(freedom from)〉를 〈~으로의 자유(freedom to)〉로 변환시키는 데 실패한 이후, 국수주의와 국가 숭배는 근친상간적 집착상태로의 퇴보를 나타내는 증세를 보였다. 인간이 지금까지 이룩한 어떤 것보다 더

---

19 TSS, p. 59.

크게 인간의 이성과 사랑을 발전시키는 데 성공하고, 인간적 유대관계와 정의(正義)를 기초로 둔 세계를 건설하며, 보편적 인류애의 경험 속에 자신이 뿌리내리고 있음을 느낄 때, 인간은 비로소 새로운 인간적 결속을 발견하게 될 것이다. 그러할 때 이 세계는 진정한 인간의 고향이 될 것이다.

4) 동질감 ―개인화 대 집단적 동화(同化)―

프롬이 인간에 대해 정의(定義)할 때, 인간은 '나'라고 말할 수 있는 동물, 즉 〈그 자신을 하나의 독립된 개체로 파악할 수 있는 동물〉이라고 말했다. 자연 안에 있으면서, 자연을 초월하지 못하는 동물들은 그 스스로를 파악하지도 못하며, 또 동질감을 느낄 필요가 없다. 그러나 자연을 이탈하여 이성과 상상력을 지니게 된 인간은 자신에 대한 개념을 형성할 필요가 있고, "나는 나다"라고 말하고, 느끼고 싶어 한다. 왜냐하면 인간은 〈살아지는〉 존재가 아니라, 〈살아가는〉 존재이기 때문이다.

인간은 자연과 근원적인 유대관계를 잃었으며, 결단을 내려야 하고, 그 스스로를 인식하고, 자신의 이웃을 타인으로 파악해야 하므로, 자기 자신을 행동의 주체로 감지해야만 한다. 앞서 보았듯이 관계에 대한 욕구, 집착, 초월에 대한 욕구와 더불어 이 동질감에 대한 욕구 또한 인간에게 매우 중차대한 요소이다. 인간이 이 욕구를 충족시키지 않는 한, 정신적으로 건강할 수 없다.

인간의 동질감은 그 자신과 자연 및 어머니를 연결하는 '근원적인 유대(primary bonds)'로부터 차츰 벗어나서 발전해 간다. 인간은 성장하면서 외부세계를 자신과 분리된 전혀 다른 것으로 인식하고 난 뒤에, 자신을 별개의 존재로 깨닫게 된다. 이럴 때 비로소 그는 자기 자신에 대해서 〈나〉라고 말할 수 있다는 것을 배운다.

〈인류〉의 발전단계에 있어서, 인간이 분리된 자아로부터 자기를 인식하는 정도는 그가 씨족으로부터 얼마나 벗어났느냐 하는 정도와 개성화 과정의 정도에 달려 있다. 인간이 아직 씨족에서 벗어나지 않았을 때, 원시 씨족의 구성원들은 자신의 동질감을 "나는 우리다"라는 형식으로 표현할 수 있었을 것이다. 유럽 중세 사회에서 봉건적 계급질서를 유지했을 때, 봉건영주나 농민들의 신분은 크게 바뀔 수 없었다. 즉 자신들 신분의 불변적 위치는 그들 자신의 동질감을 형성하고 있었다. 그러나 그러한 봉건제도가 붕괴하자, 그들의 동질감은 흔들리게 되었으며, 그들은 다시 심각한 질문을 하게 되었다. "나는 누구인가?"

그리고 보다 더 엄밀한 질문인 "내가 나라는 사실을 어떻게 내가 알게 되었는가?"라는 문제를 제기하였다. 이 질문에 대해서 근세 철학의 아버지인 데카르트는 철학적 형식으로 다음과 같이 답변했다. "나는 의심한다. 그러므로 나는 생각한다. 나는 생각한다. 그러므로 나는 존재한다." 이러한 데카르트적 해답은 〈사고〉 작용의 주체로서의 '나'는 찾았지만, '나'라는 존재는 감정과 창조적 행동의 과정을 통해 경험된다는 사실을 이해하는 데 실패했다고 프롬은 비판한다.

서구 문화의 발전은 인간이 자신의 개성을 충분히 발휘할 수 있는 토대를 제공하는 방향으로 진행돼 왔다. 그래서 개인을 정치적으로나 경제적으로 해방시켜줌으로써, 스스로 자신에 대해 사유하도록 교육함으로써, 또 권위주의적 압제로부터 벗어나게 함으로써, 모든 힘의 능동적 주체로서의 〈나〉를 느끼게 될 것을 기대하였다. 그러나 소수만이 '나'에 대한 새로운 체험을 했으며, 다수에게 개인주의는 껍데기 구호에 불과할 뿐이었다.

그리하여 참된 의미의 개인의 동질감을 대체할 어떤 것들을 추구하였는 바 민족, 종교, 계급, 직업 등이 그러한 동질감 조성에 일조를 담당하였다. 예를 들어 "나는 미국 사람이다", "나는 기독교인이다", "나는 사업가다" 등의 발언이 동질감을 체험하는 데 도움을 주는 공식으로 작용하였다. 이와 같은 동질화는 넓은 의미에서, 일종의 신분의 동질화인데, 사회적 유동성이 심한 미국과 같은 나라에서는 그리 큰 의미가 있지 않다고 프롬은 보고 있다.

나는 다른 사람과 그리 크게 다르지 않은 만큼, 그들이 나를 '좋은 동료'로 인식하는 만큼 나는 '나'를 내 자신으로 느끼게 된다. 즉 나는 "당신이 원하시는 대로의 '나'이다(I am as you desire me)". 그리하여 개인주의 이전의 씨족 동질화 대신에, 새로운 집단 동질화(herd identity)로 발전하게 되었다. 이것은 분명히 우리가 의심할 것 없이 어떤 군중 속에 소속되어 있다는 일체감을 느낄 때 만들어지는 것이다.

동질화의 문제는 일반적으로 이해하고 있듯이, 단순히 철학적 문제이거나, 인간의 정신이나 사고(思考)에 관련된 문제만도 아니다. 동질감으로의 욕구는, 인간은 '나'라는 인식 없이는 정신적으로 건강할 수 없으므로, 신분이나 동화(同化)에 대한 강렬한 열정 뒤에 도사리고 있다. 이러한 욕구는 때로는 육체적 생존욕구보다도 더 강렬할 수 있다고 프롬은 강조한다.

집단에 속한 한 사람의 구성원이 되어서 그들과의 동질감을 얻어 내고자, 사람들은 그들의 생명을 거는 것을 각오하고, 그들의 사랑을 포기하고, 그들의 자유를 포기하고, 자신의 사상까지 희생시킨다는 것은 너무나 명백한 사실이다. 그것이 비록 환상적인 것이라 할지라도 그렇다.[20]

5) 방향 설정과 헌신의 틀에 대한 욕구 —이성 대 비합리성—

인간이 이성과 상상력을 지녔다는 사실은 자신의 동질감을 지녀야 한다는 필연성만이 아니라, 이 세계를 지적(知的)으로 파악하려는 욕구를 이끌어 낸다. 이와 같은 욕구는 인간의 육체적 발달 과정과 비교할 수 있다. 즉 육체적 발달은 생애 초기에 발전하여 어린아이가 스스로 걷고, 사물을 만지고, 사물을

---

20 TSS, p. 63.

다루면서 그것들이 무엇인지 하나하나 익혀나가는 것이다.

인간이 세상을 바라볼 때 수수께끼와 같은 난해한 현상들에 둘러싸여 있음을 깨닫게 된다. 그런 인간의 이성이 발전하면 할수록 세계 파악능력은 보다 더 정확하게 되며, 그것은 곧 실재에 정확히 접근함을 의미한다. 즉 인간이 갖고 있는 세계 개념은 그의 이성과 지식이 발전하는 것에 정비례한다. 인간의 〈객관성(objectivity)〉이란 오랜 진화 과정의 산물이다. 다시 말해 이 객관성이란 욕망이나 공포에 의한 왜곡됨이 없이 세계, 자연, 타인 및 자기 자신을 있는 그대로 볼 수 있는 능력에 의해 획득된다.

여기에서 프롬은 인간의 이성(理性, reason)과 지능(知能, intelligence)을 구별한다. 이성은 진리에 도달하는, 다시 말해 세계를 〈파악〉하는(grasping) 인간의 도구인 데 비해, 지능은 사유의 도움을 받아 세계를 성공적으로 〈조작〉하는(manipulate) 인간의 도구이다. 이성은 본질적으로 인간적이며, 지능은 인간의 동물적 부분에 속한다고 프롬은 본다.

이성이 파악하는 세계는 단순히 자연 세계뿐 아니라, 인간이 살고 있는 사회와 인간 자신에 대한 지식까지도 포함하는 것이다. 인간의 이성은 그런 면에서 사랑과 같은 것이다. 즉 사랑이 어떤 한 사물에 머물지 않고 모든 사물에 관여하듯이, 이성 또한 인간이 마주대하고 있는 모든 세계를 품어야만 하는 인간 능력인 것이다.

인간이 세계에 대한 방향 설정의 틀을 짜고자 하는 욕구에 두 단계가 있다고 프롬은 말한다. 첫 번째 단계는 진실이건 허위이건 간에 세계 인식을 위한 어떤 틀을 갖는 것이다. 인간은 주관적으로라도 만족할 만한 인식의 틀을 갖지 않고서는 정신적으로 건강하게 살아갈 수 없는 존재이다. 두 번째 단계로 세계를 객관적으로 파악하기 위해 인간 이성으로 실재와 접촉하고자 하는 욕구의 단계가 그것이다.

인간은 정신뿐 아니라 육체를 부여받은 존재이므로 생각만이 아니라, 그의 감정과 행위에 있어서 그 양면 모두에 반응해야만 한다. 따라서 인간의 방향 설정의 체계도 지적인 요소뿐 아니라, 경배의 대상과의 관계에서 나타나는 감정적 요소도 포함하고 있어야 한다. 인생 방향설정의 체계와 예배의 대상을 찾는 인간의 욕구에 대한 해답들은 내용과 형식에 있어 커다란 차이가 있다. 예를 들어 인간의 의미 추구에 대한 해답으로 만물 숭배사상이나 동물 숭배사상과 같은 원시신앙 체제가 있다. 또 불교와 같이 신이 없는 무신론적 종교체제도 있다. 그리고 금욕주의와 같은 순수한 철학체계도 있는 것이다. 절대자의 개념과 연관된 인간의 의미추구에 대한 답변으로 일신론적 종교체제도 존재한다.

그러나 그 내용이 어떠하든지, 그것들은 모두 인간의 욕구에 대한 반응인 것이다. 즉 인간은 자신의 존재와 세계 안에서의 인간의 위치에 의미를 부여하려는 데에 사상의 체계만이 아니라, '경배의 대상' 또한 지녀야 한다.

단지 다양한 종교 형태에 대한 분석은 인간의 의미와 경배 추구에 대한 해답으로 어느 것이 좋은 해결책이고, 어느 것이 나쁜 해결책인지를 보여줄 뿐이다. 언제나 '더 좋고', '더 나쁘다'는 것은 인간의 본성과 인간의 계발을 어떻게 볼 것인가 하는 관점에서 고려되어져 왔다.[21]

---

21 TSS, p. 66.

제4장
정신 건강과 사회

　'정신건강'이라는 개념은 인간의 본성에 대한 우리의 개념에 크게 의존하고 있다. 우리는 앞 장에서 인간의 다양한 욕구들을 검토해 보았다. 여기에는 인간이 동물과 공유하는 생리적 욕구, 즉 굶주림, 갈증, 수면, 성(性)에 관련된 욕구와 더불어 인간의 존재 상황에서 발생하는 여러 욕구가 있음을 알았다.

　물론 주지하다시피 인간의 생리적 욕구에 대한 완벽한 충족은 건전함이나 정신 건강을 유지하기 위한 충분조건이 될 수 없다. 인간에게는 관계 맺음, 초월성, 집착성, 동질성, 방향 설정과 헌신 등에 관련된 다양한 욕구가 있으며, 이것들이 충족될 때, 정신적으로 건강할 수 있다.

따라서 인간의 욕구 충족은 단순히 개인의 심리적 만족에만 있는 것이 아니라 사회적, 경제적 요인을 포함하여 자신이 속해 있는 사회조직이나, 그 조직 내에서의 인간관계와 연관되어 있어서 그 내용은 실로 복잡하기 이를 데 없다.

더 어려운 것은 인간이 타인과 관계를 맺는다고 해도, 그 내용이 공생적(共生的) 방법이나, 소외적(疎外的) 방법으로 갖게 된다면, 그는 독립성과 온전함을 잃게 되고, 그에 따라 고통을 받으며, 상대방에 대해 적의(敵意)를 품게 된다. 인간은 진정한 사랑으로 다른 사람과 관계를 맺을 때에만 그 사람과 일체감을 느끼며 동시에 자신의 온전함을 유지할 수 있게 된다.

인간이 자연, 어머니, 씨족에게 근친상간적 집착을 지니고 있는 한, 자신의 개성과 이성은 발전할 수 없게 된다. 그럴 때 인간은 자연의 무기력한 희생물로 남게 되고, 결코 자연과의 일체감을 느낄 수 없게 된다. 인간이 자신의 이성과 사랑을 발전시킬 수 있을 때, 그리고 자연계와 사회 세계를 제대로 경험할 수 있게 될 때만, 인간은 자기 인생의 주인이 된다.

앞 장에서 살펴보았듯이 세계를 초월하기 위해서는 두 가지 방법이 있다. 하나는 창조요, 다른 하나는 파괴이다. 창조는 인간에게 행복을 가져다주지만, 파괴는 인간에게 고통을 가져다준다. 또 자기 자신의 힘에 대한 체험을 바탕으로 한 일체감만이 인간을 제대로 자립하게 만들며, 이와 반대로 집단에 순응하는 일체감은 인간을 의존적으로 만들고, 더욱 약하게 만든다.

또 인간은 실재를 정확하게 파악하는 정도에 따라 세계를 〈자신의〉 것으로 만들 수 있다. 만약 인간이 환상 속에 살고 있다면, 그는 그러한 환상을 필연적으로 만들어 내는 조건을 결코 변화시킬 수 없다.

이렇게 파악된 정신건강의 개념은 인류의 위대한 영적 스승이 이미 만들어 놓은 여러 규범과 일치하고 있다고 프롬은 강조한다. 지구상 다양한 지역에서 각각 다른 역사적 시기에 '깨어있는 사람들(the awakened ones)'은 서로에게 영향을 준 적이 없으면서도 동일한 규범을 가르쳐 왔다. 이크나톤,[22] 모세, 공자, 노자, 부처, 이사야, 소크라테스, 예수 등은 약간의 차이점은 있지만, 거의 유사한 규범을 만든 스승들이다.

많은 정신과 의사들이나 심리학자들이 〈인본주의적 정신분

---

22 Ikhnaton(BC.1364경-B.C. 1347경) 고대 이집트 제18왕조의 10대째 왕.

석학(humanistic psychoanalysis)〉적 발상을 수용하는 데 있어 극복하지 않으면 안 되는 특별히 어려운 점이 있다고 프롬은 말한다. 그들은 여전히 19세기 유물론이 지닌 철학적 전제 안에서 사유하고 있다. 그 전제란 모든 중요한 정신현상은 생리적 혹은 신체적 과정에 대응하여 그 뿌리를 두고 있고, 그것에 의해 만들어졌다는 주장이다. 그리고 이와 같은 유형의 유물론에 의해 프로이트도 인간 열정의 생리학적 기초를 '리비도(libido)', 즉 성적 충동에서 찾았다고 믿었다. 그러나 프롬은 이와 같은 유물론적 전제를 바탕으로 하는 정신분석학에는 '관계 맺음'이나 '초월' 등과 같은 욕구에 대응하는 생리적 기층은 존재하지 않는다고 비판한다. 자신이 내세우는 이론에는 생리적인 것만이 아니라, 인간과 자연과 세계 안에서 상호작용하는 전인간(全人間)적 인격(the total human personality)을 그 기반으로 두고 있다고 강조한다.

한편 인간의 진화를 생각해 볼 때, 정신건강에 대한 우리들의 개념은 이론적인 어려움에 빠진다. 분명 '원시'문화에서는 인간의 이성이 충분히 발전하지 못한 것이 사실이다. 쉽게 말해 프롬적 정신건강 개념을 강조하게 되면, 원시시대 때 사람들은 모두 정신질환에 걸린 사람이 될 수 있기 때문이다. 프롬은 이 문제를 인류의 진화와 인간 발달의 단계와의 유사성에서 풀고자 노력한다.

즉 어떤 어른이 생후 1개월 된 어린아이와 같은 태도와 성향을 띠고 있다면, 그것은 아마 중증의 정신분열증으로 진단받을 수 있을 것이다. 그러나 그것이 생후 1개월 된 어린아이의 경우는 완전히 정상적이고, 건강한 것이다. 왜냐하면 그것은 유아의 정신적 발전단계에 부응하기 때문이다. 그런 의미에서 인류는 원시적 성향에서 출발했지만, 인류 진화의 적절한 단계와 대응되는 모든 형태의 인간 성향은 건강하다고 봐야 한다는 것이다.

인간의 진화는 문화 발전의 결과이며, 유기체적 변화는 아닌 것이다. 가장 원시적인 문화에서 성장한 어린아이가 가장 발전된 문화 속으로 합류하였다면, 그런 고등 문화의 다른 아이처럼 발달할 수 있을 것이다.[23]

───

23 TSS, p. 71.

이미 제2장에서 언급한 것처럼 정신건강은 사회에 대한 개인의 '적응(adjustment)'이라는 용어만으로는 정의되어질 수 없다. 이와는 정반대로 정신건강은 〈사회가 인간의 욕구에 따라 어떻게 조정되고 있는가 하는 설명으로 정의되어져야 한다〉. 즉 인간의 정신건강을 개선시키기 위해 사회가 해야 할 역할은 무엇이며, 정신건강을 저해하는 사회의 기능은 무엇인가 하는 관점에서 논의해야 하는 것이다. 개인의 정신건강 문제는 개인의 문제가 아니고, 그가 몸담고 있는 '사회구조'에 달려 있는 것이다.

건전한 사회는 인간이 자기 동료에 대한 사랑과 창조적 노동과 그의 이성과 객관성을 발전시키고, 그 자신의 생산적 능력의 경험에 바탕을 둔 자아감(自我感, a sense of self)을 지닐 수 있는 능력을 개선시키는 사회이다.[24]

반면에 불건강한 사회는 서로에 대해 적대감과 불신을 만들

24 TSS, p. 72.

어 내며, 인간을 이용의 수단으로 만들고, 착취의 도구로 변모시킨다. 그 사회는 자아의식을 뺏어 가며, 타인에게 복종시키거나 자동인형처럼 만들어 버린다. 즉 인간은 그 사회에 살면서 삶의 의미를 전혀 찾지 못하게 된다.

오늘날 가장 일반화 되어 있는 사회심리학적 견해는 현대의 서구 사회, 특히 '미국식 생활양식(American way of life)'이 인간 본성의 가장 깊은 욕구를 잘 충족시켜주고 있으며, 그런 생활방식에 잘 적응하는 것이 정신적으로 건강하고 성숙되었음을 의미하고 있다. 그런데 프롬은 이러한 사회심리학이야말로 사회비판을 위한 도구가 아니라, 현재의 사회현상을 유지하기 위한 단순한 변론인이 되어가고 있다고 비판한다.

위의 사회심리학에 따르면 '성숙'이나 '정신건강' 개념은 노동자나 회사원이 취해야 할 바람직한 태도 정도를 제시해 주는 것으로서, 대표적인 예로 스트래커(E. A. Strecker) 박사가 내린 성숙에 대한 정의를 들 수 있겠다.

'성숙'이란 어떤 직업에 몰두할 수 있는 능력, 어려움에 아랑곳하지 않고 어떤 계획을 수행할 수 있는 신뢰성과 지속성이라고 정의한다. 그리고 어떤 일을 그에게 요청받은 것보다 더 많이 해 낼 수 있는 능력인 것이다. 그리고 어떤 조직체나 권위 아래 다른 사람과 일할 수 있는 능력을 의미한다. 또 결정을 내리고, 삶에 대한 의지를 지니고, 융통성 있고, 독립적이고, 관용을 베풀 줄 아는 능력을 뜻한다.[25]

그에게나 그와 비슷하게 생각하고 있는 많은 사람에게 있어 성숙이란 자신이 속한 사회에 대한 적절한 적응인 것이다. 그리고 이들에게 있어 그 적응이란 것이 인생을 이끌어감에 있어서 건강한 방법인가, 비정상적 방법인가 하는 질문을 제기하는 경우는 거의 없다.

이와 같은 견해와 대조되어서, 홉스(Thomas Hobbes)에서 프로이트로 이어지는 견해가 존재한다. 이 견해에 따르면 인간의 본성과 사회 사이에는 근본적이고 불변하는 모순이 존재한다는 것이다. 즉 인간의 비사회적 본성(asocial nature of man)이 문제

---

25 TSS, p. 73. 원문 E. A. Strecker, *Their Mother's Sons*, J. B. Lippincott Company, Philadelphia and New York, 1951, p. 211에서 인용.

가 된다는 말이다. 프로이트에 따르면 인간은 생물학적으로 뿌리내려져 있는 두 개의 충동, 즉 성적 쾌락에 대한 열망과 파괴에 대한 열망에 쫓기고 있다는 것이다. 그리고 인간이 만들어 놓은 '사회'와 '문명'은 이러한 인간 본성의 욕구와 대립하게 된다.

프로이트에 의하면 인간은 무제한적인 성적 만족을 추구하므로, 인간이 지니고 있는 〈사랑이란 본질적으로 이기적이고, 반사회적인(antisocial)〉 것이다. 또 인간이 지니고 있는 연대의식이나 인류애는 인간의 본성에 본래부터 뿌리박힌 일차적 감정이 아니라, 본래의 목적이 억제된 '성적 욕구'에 지나지 않는다. 프로이트에 따르면 '원시인'은 기본적 본능에 있어 어떤 좌절도 겪지 않았기 때문에 건강하고 행복하지만, 문화라는 축복을 받지 못했다. 한편 '문명인'은 원시인보다 더 안전한 삶을 누리고, 예술과 과학을 향유하지만, 문명의 강요로 인해 본능의 좌절을 겪게 되므로 정신질환에 걸리기 십상이다.

〈인간의 본성은 본질적으로 경쟁적이며 비사회적〉이라는 프로이트적인 개념은, 현대 자본주의 사회 안에 살고 있는 인간의 특성을 인간의 자연적 특성이라고 믿는 많은 저자들의 의견과 완전히 일치하고 있다. 그 유명한 오이디푸스 콤플렉스라는 프로이트의 이론도 실상 어머니의 사랑을 얻기 위한 아버지와 아들 사이의 적대감과 경쟁이라는 그의 가설에 기초를 두고 있는 것이다. 우리는 성(性)에 관한 프로이트의 전체 이론이 '경쟁과 상호 적대감이 인간 본성에 고유한 것'이라는 인류학적 전제를 수용하고 있다는 사실을 간과해서는 안 된다고 프롬은 경고하고 있다.

이러한 경쟁에 관한 원리를 다윈(Charles Darwin)은 '생존 경쟁'이라는 그의 이론을 통해서 그의 생물학 분야에서 표현하고 있고, 리카도(David Ricardo)나 맨체스터 학파 경제학자들은 그 경쟁 원리를 경제학 분야에서 해석해 내고 있다.

프롬은 사회에 적응만 잘 하면 정신적으로 건강할 수 있다는 견해나, 인간의 본성은 사회와 필연적으로 대립할 수밖에 없다는 홉스나 프로이트의 성욕 인간(homo sexualis)적 관점 모두 편향성을 지닌 왜곡된 이론으로 보고 있다.

따라서 그는 사회와 인간의 본성과의 관계를 객관적으로 검토하기 위해 인간에 대해 사회가 지니고 있는 긍정적 영향력과 부정적 영향력 모두를 탐구해야 한다고 강조한다. 프롬은 위의 두 이론이 지니고 있는 문제점 가운데 사회가 지니고 있는 부정적 측면, 즉 정신질환을 불러일으키는 근대 사회의 기능에 대해 다음 장에서 아주 소상히 논의하고 있다.

제5장
자본주의 사회에서의 인간

1. 사회적 성격

프롬은 추상적 인간이 지닌 추상적 특질로서의 정신 건강을 논의한다면 별 의미가 없다고 본다. 그래서 그는 구체적으로 어떤 생활양식의 어떤 요인이 광기(狂氣)를 유발하며, 어떤 요인이 정신 건강을 만들어 내는지, 현대의 생산양식과 사회적, 정치적 체제를 이루는 특수한 조건들이 인간의 본성에 끼치는 영향을 연구하고자 시도한다.

다소 잠정적이고 불완전하지만 이러한 〈사회적 성격(social character)〉의 기본적인 틀에 접근할 수 있을 때, 비로소 우리는 현대인의 정신건강과 건전성을 판단할 수 있는 기반을 갖게 된다.

그렇다면 사회적 성격이란 무엇을 의미하는가? 프롬에 의하면 〈같은 문화를 지니고 있는 대부분의 사람이 공유하고 있는 성격 구조의 핵심 부분〉을 의미한다. 그것은 같은 문화권에 속해 있는 사람들의 서로 다른 개인의 성격과는 반대되는 개념이다. 또한 사회적 성격 개념은 주어진 문화권 내의 대부분의 사람에게서 발견되는 성격적 특징들을 합쳐 놓았다는 의미의 통계적 개념이 아니다.

각각의 사회는 다양한 객관적 요소를 필요로 하는 어떤 방식으로 조직되고 그 기능을 발휘하게 된다. 이런 조건들은 생산과 분배 방식을 포함하고 있다. 그리고 그 생산과 분배는 결국 원자재와 공업기술, 기후, 인구의 규모, 정치적·지리적 요소, 문화적 전통 등에 의존하고 있다. 프롬에 의하면 실상 보편적 의미의 '사회'란 존재하지 않으며, 서로 다르면서 확인 가능한 방법으로 작동하고 있는 '특별한 사회구조'만이 존재할 뿐이라고 본다. 그리고 이 사회구조는 역사적 발전과정 안에서 변화하겠지만, 어떤 주어진 역사적 시기 내에 상대적으로 고정되어 있다.

사회적 성격이 맡고 있는 기능이란 〈주어진 그 사회를 지속적으로 작동시키기 위해서 그 사회 안에 인간적 에너지를 만들어 내어 쏟아붓는 것〉이다. 예를 들어, 과거에는 찾아보기 어려울 정도의 엄청난 노동에 자유인의 에너지를 쏟아넣지 않았다면, 현대 산업사회는 그 목적을 성취하지 못했을 것이다. 산업사회의 인간은 대부분 다른 문화에서는 찾아보기 어려울 정도의 훈련과 질서와 시간 엄수 등을 체득해야만 했다. 그런 규격화가 없었다면, 현대 산업사회는 존재할 수 없었다.

사회적 성격의 〈기원(genesis)〉은 사회학적 요인과 이데올로기적 요인들의 상호작용이라는 틀에서 찾아야 할 것이다. 특정 사회에 존재하는 사회적 관계를 형성하는 생산수단과 함께 종교적, 정치적, 철학적 사상 등이 동시다발적으로 검토되어야 한다. 왜냐하면 이것들은 사회적 성격에 뿌리를 두고 있지만, 차례차례 사회적 성격을 결정하고, 조직하고, 고정시키는 역할을 하기 때문이다.

현대 서구인의 성격을 만들어 내고 그들의 정신건강에 폐해를 불러일으킨 현대 산업사회의 사회·경제적 조건을 이해하려면 자본주의적 생산양식이 지니고 있는 특별한 여러 요소들과 산업시대에서의 〈탐욕스런 사회(acquisitive society)〉에 대한 이해를 필요로 한다. 이 점에 대해 프롬을 따라 살펴보도록 하자.

2. 자본주의의 구조와 인간의 특성

1) 17세기와 18세기의 자본주의

17-18세기 이후 서구에서 지배적 주류를 이루고 있는 경제체제는 자본주의이다. 이 체제 안에서 일어난 수많은 변화에도 불구하고, 체제의 역사 전반에 일관되게 지속되어진 몇 가지 특징이 있는데, 그 특징은 다음과 같다.

① 정치적·법적으로 자유로운 사람들이 존재했다는 점
② 자유인들(노동자와 피고용인들)이 계약에 의해 노동시장에서 그들의 노동을 자본주에게 판다는 사실
③ 가격을 결정하고 생산품 교환을 조절하는 조정 장치로서의 상품시장(commodity market)이 존재했다는 점

④ 자신의 이윤을 얻을 목적으로 각 개인은 행동하지만, 그럼에도 불구하고 많은 사람의 경쟁적 행위에 의해 모두를 위한 최대의 이윤이 누적되어간다는 원리

17세기와 18세기에 대해 언급할 때 이 자본주의 초창기를 특징짓는 두 가지 측면에 대해 말해야 할 것이다. 하나는 기술과 산업이 19세기와 20세기의 발전과 비교했을 때 초보 수준에 머물러 있었다는 점이요, 다른 하나는 중세 문화의 관습과 사고방식이 이 시대 경제활동에 여전히 상당한 영향력을 발휘하고 있었다는 점이다.

예를 들어 어떤 상인이 다른 상인에 비해 저렴한 가격이나 그 밖의 다른 유인책으로 고객을 현혹해 상품을 판매하고자 했다면, 비기독교도적이고, 비윤리적 행위라고 비난을 받았다. 심지어 18세기 전반에 걸쳐 독일과 프랑스의 법령을 보면 가격을 인하하는 행위 자체를 금지하는 법안까지 있을 정도였다.

이 당시 시대에 새로운 기계들이 인간으로부터 노동을 뺏어

갈 것이라는 두려움으로 인해 그러한 기계에 대해서 사람들이 의심을 품었다는 사실은 이미 잘 알려져 있다. 예를 들어 콜베르(Jean Baptiste Colbert, 1619-1683)[26]는 기계를 '노동의 적(the enemy of labour)'이라고 불렀고, 몽테스키외(Charles Montesquieu, 1689-1755)는 자신의 저술 『법의 정신』에서 '노동자의 숫자를 줄어들게 만드는 기계는 노동자에게 치명적이다'라고 주장했다.

이런 다양한 태도는 수 세기에 걸쳐 인간의 삶을 결정해 온 여러 원리에 그 근거를 두고 있다. 무엇보다 중요한 원리는 사회와 경제가 인간을 위해 존재하는 것이지, 인간이 그것들을 위해 존재하는 것이 아니라는 것이다. 어떠한 경제발전도 그것이 사회 안의 어떤 집단에 해를 끼친다면, 그것은 건전한 것이 아니라고 생각하였다. 이러한 발상은 전통적인 사회의 균형이 유지되어야 하고, 그 균형을 깨는 어떤 장애도 해롭다고 믿고 있다는 점에서 전통주의[27]자들의 사상과 밀접히 관련돼 있다.

---

26 중상주의 정책을 강조한 프랑스의 정치가.
27 진리는 계시(啓示)에 기초를 둔 종교적 전통에서 찾아야 한다는 사상. 18-19세기 프랑스의 계몽사상에 반대하여 일어난 철학의 한 유파.

2) 19세기의 자본주의

19세기에 접어들어 18세기의 전통주의적 태도는 처음에는 천천히, 나중에는 아주 빠르게 변화하기 시작했다. 욕망과 고민을 지니고 살아가는 '인간'의 자리가 체제 내에서 그 중심위치를 잃어가고, 대신 '사업'과 '생산'이 그 자리를 차지하게 되었다. 인간은 경제적 영역에서는 '만물의 척도'이기를 그치게 되었다.

19세기 자본주의의 특징적 요소는 노동자에 대한 잔인한 착취라고 할 수 있겠다. 수십만 명의 노동자들이 기아선상에서 허덕여도 그것이 자연법이고 사회법이라고 여겼다. 자본가가 이윤을 추구하기 위한 것이라고 하면 그가 고용한 노동자들을 최대한 착취한다 해도 도덕적으로 정당한 것으로 여겼다. '경제적 정글의 법칙'이 가장 최고의 법칙이었다. 사람들은 소비자를 찾아 나서고, 경쟁자들보다 상품을 더 싸게 팔고자 애썼으며, 동료 상인과의 치열한 판매 경쟁은 마치 노동자에 대한 착취처럼 무자비하고 무제한적이었다.

증기기관의 사용과 더불어 노동 분업이 증가하고, 기업의 규모는 더 증대하였다. 〈각 사람이 자신의 이윤을 추구하고, 그로 인해 모든 사람의 행복에 기여한다〉라는 자본주의의 원리가 인간행동을 이끄는 지도원리가 되었다.

주요한 조절 장치로서의 시장(市場, market)은 수요, 공급과 같은 전통적 제한 요소로부터 자유롭게 되었고, 19세기 들어 그 자신 더 완전한 모습을 보이게 된다. 한편 모든 사람은 자기 자신의 이익에 따라 행동한다고 믿었지만, 실제로는 '보이지 않는 시장법칙'과 기계처럼 얽혀진 경제구조의 법칙에 의해 결정되었다.

프롬은 스스로 생명력을 지니고 인간을 지배하는 시장의 법칙뿐 아니라, 과학과 기술의 발전 또한 그러하다고 주장한다. 즉 과학자들 스스로 자신의 과제를 선택하는 것이 아니라, 강요된 과제를 해결하지 않으면 안 되었다. 공업기술도 마찬가지였다. 이론물리학은 원자력을 발견해 냈고, 핵분열 원자폭탄의 성공적 생산에 이어서 수소폭탄의 제조를 강요했다. 인간 자신은 어떤 시스템에 의해서 이끌려 가면서, 자기 자신은 일종의 부속물로 전락하고 말았다.

인간의 이러한 무기력함은 현대 자본주의를 분석해 보면 그 해답을 찾을 수 있을 것이다. 그 분석을 위해 우리는 먼저 시장에 대해 살펴봐야 한다. 왜냐하면 시장은 자본주의 사회에서 모든 인간관계를 형성하는 기초를 제공하기 때문이다.

현대 시장은 한마디로 스스로 조절되는 분배 조정 장치이다. 이 시장으로 인해 의도적인 계획에 따라 사회적 생산품을 분배할 필요가 없게 되었다. 따라서 사회 내의 어떤 압력을 가할 필요 역시 사라지게 된 것이다. 임금을 받아야 하는 노동자들은 시장 조건을 수용할 수밖에 없는 노동 시장에 자신을 맡길 수밖에 없었다. 따라서 개인의 〈자유〉라는 것은 크게 보아 환상적인 것에 불과했다. 노동자들은 그들 등 뒤에서 작동하고 있는 시장의 법칙에 대해서는 제대로 알지 못했다. 그리하여 그들은 '실제로는 그렇지 않음에도 불구하고 스스로 자유롭다'고 믿고 있었다.

그러나 어찌 되었든 간에 〈시장〉이라는 조절 기구에 의한 자본주의적 분배 방식은 계급사회에 관한 한, 지금까지 고안된 어떤 방법보다도 더 훌륭한 것이었다. 왜냐하면 그것은 자본주의적 민주주의(capitalistic democracy)를 특징짓는 〈개인의 상대적인 정치적 자유의 기초〉이기 때문이다.

시장의 경제적 기능은 상품 시장에서 자신들의 생산품을 팔기 원하는 수많은 개인의 〈경쟁〉에 바탕을 두고 있다. 그들은 노동 시장이나 인간 시장에서 자신의 노동이나 서비스를 팔기 원하는 것이다. 봉건시대에 있어 각자에게는 일정한 사회질서 안에서 그 자신이 만족해야만 할 전통적인 지위가 주어져 있었다. 그러나 자본주의 사회에 돌입하면서 봉건 체제에 있었던 사회적 안정성(social stability)과는 전혀 다른 사회적 유동성(social mobility)의 개념이 등장하였다. 사회적 유동성이란 개념은 모든 사람들은 사회 내의 최상위 위치를 위해 투쟁할 수 있지만, 그 자리를 차지하는 것은 소수일 수밖에 없다는 의미를 지녔다. 이러한 성공을 위한 밀쳐내기에서 인간적 유대관계와 연관된 사회적, 도덕적 규칙은 파멸되고, 인생에 있어서 가장 중요한 측면은 〈치열한 경쟁이라는 경주에서 우승을 차지하는 것〉뿐이다.

자본주의적 생산양식을 구성하는 다른 요인은 이 체제 안의 모든 경제 활동의 목표가 오직 〈이윤(profit)〉 추구에 있다. 오늘에 있어 이러한 자본주의의 '이윤 동기' 주변에 예측하거나 또는 예측하지 못한 많은 혼란이 야기되고 있다. 물품 생산의 동기도 사회적 유용성이나 일하는 과정에서의 만족에 있지 않고,

투자로부터 파생되는 이윤에 집중되어 있다.

　자본주의 안에서 임금의 분배를 특정짓는 것은 개인의 노력과 그
들에게 부여된 사회적 인정, 즉 재정적인 보상 간에 균형 잡힌 비
례가 깨져 있다는 사실이다. 이러한 불균형은 서구사회보다 더
가난한 사회에서, 서구의 도덕적 기준이 허용할 수 있는 것보다
더 크게 사치와 가난의 극단적인 차이를 초래하고 있다.[28]

　프롬은 여기에서 불균형의 물질적 영향보다도 도덕적, 심리
적 영향을 강조하고 있다. 인간의 노동, 즉 그들의 노력과 기술
력이 지나치게 과소평가되어 있으며, 노동자의 이득이 그들의
노력에 비해 제한을 받는 한, 그들의 욕망도 제한될 수밖에 없
다는 점을 부각시킨다.

　프롬에 의하면 19세기의 자본주의는 극히 개인적인 자본주
의(private Capitalism)였다. 개인은 새로운 기회를 발견했고, 붙잡
았으며, 경제적으로 행동하고, 새로운 방법을 감지하고, 재산

---

[28] TSS, p. 90.

을 획득하고, 생산과 소비 모두에 있어 그 풍성함을 만끽했다. 이러한 재물이 주는 즐거움에 대한 향유(享有)는 경쟁이나 이윤 추구를 제외하고, 19세기 중산 계층과 상위 계층의 가장 기본적인 특징 가운데 하나였다. 성격학적으로 말해서 재물이나 재산을 소유함으로 인해 얻게 되는 쾌락을 프로이트는 〈항문 성격(anal character)〉의 특성이라고 부르고, 프롬은 이것을 〈저장 지향(hoarding orientation)〉적 특성이라고 부른다.

인간에 의한 인간 이용은 자본주의 체제에 깔려 있는 〈가치 체계〉의 표현이다. 〈죽은 과거인 자본이 살아 있는 생명력과 현재의 힘을 지닌 노동을 고용하고 있다〉. 가치의 자본주의적 계층에 있어서 자본은 노동보다 더 상위에 위치해 있다. 즉 생명력이 드러난 노동보다 사물의 집합체인 자본이 더 높이 자리잡고 있다.[29]

프롬은 착취와 타인 이용이란 문제에 아주 밀접히 연관된 것은, 19세기 인간에 있어서의 〈권위〉의 문제라고 지적한다. 그

---

29 TSS, pp. 94-95.

는 자신의 저술 『자유로부터의 도피』에서 이미 논의한 바 있지만, 권위의 문제는 그 어떤 종류의 사회에 있어서도 인간관계를 이해하는 데 아주 중요한 핵심이라고 보았다. 그는 대표적인 두 가지 권위를 설명하고 있다.

하나는 '이성적 혹은 합리적 권위(rational authority)'이며, 다른 하나는 '억압적 혹은 비합리적 권위(inhibiting or irrational authority)'이다. 대표적인 예로 교사와 학생 사이의 관계와 노예주인과 노예와의 관계를 들면 이해하기 쉽다. 두 관계 모두 어느 한쪽이 다른 한쪽보다 더 우월하다는 데에 그 기본을 두고 있다. 그러나 교사-학생 간에서 벌어지는 관계와 노예주인과 노예와의 관계에서 벌어지고 있는 내용은 판이하게 차이가 난다. 전자는 합리적 권위와 연관된 것이고, 후자는 비합리적 권위와 연관된다.

학생이 교사의 우월성에 복종하는 것은 교사가 학생을 도와주어서 학생으로 하여금 보다 더 나은 삶을 살아가도록 하게끔 하는 능력을 인정하기 때문이다. 그러나 노예가 노예주인의 우월성에 복종하는 것은 인격적인 복종이 아니라, 단순한 상하 계급의 관련성 때문이다. 이런 관계에서는 이익과 불이익이 서로 갈라져 있다.

이제 요약해 보자면, 19세기의 사회 성격은 본질적으로 경쟁적, 저축적, 착취적, 권위적, 공격적, 개인적인 특성을 지니고 있다고 말할 수 있겠다. 우리는 여기에서 이미 19세기와 20세기 자본주의 간의 커다란 차이점에 대해 강조하고 있는지도 모른다. 즉 착취적이고 저축 지향적 성향보다도, 수용적(受容的, receptive)이고 판매 지향적 성향을 발견하게 되는 것이다. 우리는 경쟁 대신에 협동을 중시여기는 쪽으로 점점 바뀌고 있음을 발견하게 된다. 또 무한정한 이익추구에 몰두하기보다, 꾸준하면서도 안정적인 수입에 대한 요구가 강조되고 있다. 그리고 착취보다는 분배와 복지를 중시하는 성향이 드러나고 있다. … 또 명시적인 권위보다 〈익명〉의 권위를 발견하게 된다. 즉 공적 의사를 표출하는 권위와 시장이 지니고 있는 권위가 등장하게 되는 것이다. … 그리고 자부심과 주인의식 대신에 무의식적 무기력(powerlessness)이 점차로 증가하고 있는 상황이다.[30]

---

30 TSS, p. 99.

3) 20세기의 사회

(1) 사회적·경제적 변화

19세기와 20세기 중반 사이에 산업기술, 경제 및 사회구조에 있어서 급격한 변화가 자본주의 안에서 발생했다. 과연 20세기 자본주의의 경제적, 성격론적 특성은 어떤 것이 있는지 프롬을 따라 살펴보도록 하자.

프롬은 20세기 자본주의를 논함에 있어서 먼저 유럽식 자본주의와 미국식 자본주의에 대해 간략히 언급하고 있다. 유럽식 자본주의는 봉건주의적 잔재가 조금 남아 있는 혼합 자본주의인 데 비해, 미국식 자본주의는 봉건 잔재가 거의 소멸된 순수한 형태의 자본주의(pure capitalism)이다. 따라서 미국의 자본주의가 유럽보다 더 강력하고 더욱 진보되었으며, 유럽 자본주의가 발전해 나가고자 하는 자본주의의 이상형이라고 보고 있다.

19세기에서 20세기까지의 가장 확실한 변화는 과학 기술의 변화이다. 즉, 증기기관과 내연 모터, 전기와 원자력을 사용하기 시작했다는 점이다. 그 발전은 한마디로 인간의 수공업을 기계가 대신하기 시작했으며, 인간의 지능을 뛰어넘는 기계 지능이 인간을 대신하기 시작했다고 특징지을 수 있겠다.

생산 방식에 있어서의 기술의 변혁은 **자본의 집중**에 의해 야기되었지만, 또 반대로 자본의 집중을 더 증가시켰다. 따라서 소규모 회사는 줄어들었고, 대규모 회사와 경제적 재벌이 등장하게 된다. 자본 집중의 결과, 1930년대 미국 인구 1억2천5백만 명 가운데 22,000명이 미국 산업의 절반을 차지하게 되었다.

대기업에 대한 중요성이 점차 커지면서, 또 하나의 놀라운 변화를 맞게 되는데 그것은 바로 '기업의 소유와 경영을 분리'하는 것이다. 즉 대기업이 상대적으로 증가함에 따라서, 대기업을 운영하는 경영진의 주식 소유가 줄어드는 새로운 현상이 벌어진 것이다. 이 부분은 과연 기업 자본의 상당한 부분을 소유하지 않은 경영진이 '어떻게 기업을 이상적으로 운영해 나갈 수 있는가'하는 새로운 문제를 남겨놓았다.

또 19세기에서 근대 자본주의 시대로 접어들면서 큰 변화를 일으킨 것은 내수시장의 중요성이 더 커졌다는 사실이다. 19세기의 일반적 경향은 모든 것을 절약하고, 비용을 당장 지불할 수 없는 것들은 함부로 사용하지 않는 것이었다. 그러나 20세기에 접어들어서는 정반대 현상이 벌어졌다. 즉 모든 사람들은 그들이 할 수 있는 한 많은 것을 구입하도록 구슬려지고 있는 상황이 벌어졌다. 그리고 소비자는 물품 대금을 지불할 만큼 충분히 저축할 여유가 없어도 물건을 계속 구입하도록 이끌려지고 있다. 그리하여 대량생산과 대량소비의 원리에 따라, 새로운 경제 구조가 형성되었다.

19세기에는 쉽게 구분될 수 있었던 '합리적 권위'와 '비합리적 권위'에 대한 구분도 20세기에 접어들어서는 무의미해졌다. '시장'과 '계약'이 인간관계를 통제하므로 옳음과 그름, 선과 악을 파악할 필요가 없게 되었다. 모든 것 가운데 가장 필요한 것은 모든 일들이 〈공정(fair)〉하게 되어 있는가, 교환이 공정하게 이루어지고 있는가, 모든 일들이 잘 '진행되고' 있으며, 모든 것들이 잘 기능하고 있는지를 파악하는 일이었다.

20세기에 인류는 생산의 기적을 경험하기 시작했으며, 이러한 생산의 기적은 또한 〈소비의 기적〉을 만들어 놓았다고 프롬은 강조한다. 이제는 돈만 있으면, 모든 것이 손닿는 곳에 있고, 무엇이나 살 수 있고 소비할 수 있게 되었다. 천연 진주처럼 보이는 인조진주를, 캐딜락처럼 보이는 포드 자동차를 구입할 수 있으며, 백만장자나 노동자나 같은 품질의 담배를 피우는 시대에 접어들었다.

　수많은 사람들이 자동차나, 지하철, 버스, 기차 등을 타고 와서
공장이나 사무실로 물밀 듯이 흘러 들어간다. 그들은 전문가들
이 고안해 놓은 작업리듬에 따라서, 또 전문가가 산출해 놓은 방
법에 따라서, 너무 빠르지도 않고 너무 느리지도 않게 함께 일하
고 있는 것이다. 각 개인은 전체 체계 내에서의 한 부분으로 일하
고 있다.[31]

　그들은 같은 신문을 보고, 같은 방송을 듣고, 같은 영화를 본
다. 이런 20세기 자본주의 사회에 맞는 〈사회적 성격〉은 무엇
인가?
　20세기 자본주의는 거대한 집단 안에서 아주 유연하게 잘 협
동하는 인간, 더 많은 소비를 원하는 인간, 모든 취미를 공동으
로 할 수 있는 인간, 아주 쉽게 영향을 받고 또 쉽게 예측 가능
한 인간을 필요로 한다.

──
31 TSS, p. 109.

(2) 성격론적 변화

① 수량화와 추상화

위의 주제 아래 프롬은 〈소외(alienation)〉 개념을 중심으로 현대 사회의 성격을 분석하고 있다. 그에 따르면 소외 개념이야말로 현대인의 특성 가장 밑바닥에 자리 잡고 있는 내용이라고 보고 있다. 특히 현대의 사회-경제구조와 평균적 개인의 성격구조 간의 상호작용에 관심을 두었을 때, 소외 개념이야말로 가장 적절한 개념이라고 언급하고 있다.

중세 시대 때에는 장인(匠人)들이 친분이 있는 소수의 소비자를 위해서 물건을 생산해 내면 되었다. 그가 정하는 물품 가격도 그의 사회적 지위에 걸맞은 생활을 해나갈 만큼의 이윤을 남기고자 하는 욕망에 의해 결정되었다. 장인은 경험에 의해 생산단가를 알고 있었으며, 소수 숙련된 직공이나 수련생을 고용하기는 했지만, 사업을 운영하는 데 있어 부기(簿記)나 대차대조표와 같은 세밀한 체계가 필요한 것은 아니었다.

그러나 그와는 대조적으로 20세기 기업들은 철저하게 대차대조표에 의존하고 있다. 생산물품에 관련된 모든 내용은 화폐 가치로 표시해야 하며, 모든 경제적 내역들은 수량화되어야 한다. 정확한 대차대조표만이 경영자에게 어느 정도의 이윤이 발생했는지, 얼마만큼 기업 활동이 성공적이었는지를 보여준다.

현대 기업가는 수백만 달러뿐만 아니라, 수많은 소비자와 수천의 주식 투자자, 노동자와 회사원들을 다루어야 한다. 이 모든 사람들은 반드시 통제돼야 할 거대한 기계의 다양한 부품처럼 되어가고 있다. 그리고 그들이 지니고 있는 경제효과는 반드시 계산돼야만 한다. 개개인은 결국 하나의 추상물체로서, 하나의 숫자로 표시된다. 그리고 이러한 바탕 위에서, 경기상황은 계산되고, 유통과정은 예측되고, 결정이 이루어지는 것이다.[32]

이와 같이 증대된 추상화의 결과를 가져온 자본주의적 생산의 또 다른 측면은 **분업**의 증가라 하겠다. 중세 경제에 있어서 농업 생산이나 장인의 작업 사이에 분업이 있었다고 해도 현대 산업에 비해서는 거의 없었다고 볼 정도이다. 현대 기업에서의

---

32 TSS, pp. 111-112.

노동자는 어떤 식으로든 생산 전체와는 별 관련이 없다. 현대 노동자는 자신의 한 전문화된 기능만 수행하면 된다. 전체 생산과 관련된 사람은 오로지 관리자 혹은 경영자일 뿐이다. 그에게 있어 생산이란 추상적일 뿐, 그 본질은 교환가치이다.

이렇듯 모든 것을 수량화, 추상화(抽象化)하려는 추세는 비단 경제 영역에 머무는 것은 아니다. 새로운 우주상(宇宙像)이나 이론물리학과 같은 과학의 영역이나, 무조음악(無調音樂)[33]이나 추상화와 같은 예술의 세계에도 그런 흐름을 찾을 수 있다. 특히 현대 전쟁에 있어서 일개인이 단추 하나로 수십만, 수백만 명을 죽일 수 있는 가능성은 그와 같은 추상화의 극한을 여실히 보여주고 있다. 단추를 누르는 본인은 자신이 죽이는 사람이 누구인지 전혀 알지 못한다. 알지 못하기 때문에 자신이 하는 일에 대해서 감정적 죄책감을 갖지 않는다. 그것은 마치 〈단추를 누르는 그의 행위와 그것으로 인해 당하는 무수한 사람들의 죽음이 별로 관련이 없는 것처럼〉 느끼게 한다. 그 행위와 당하는 대상이 행위자 자신으로부터 소외되어 있기 때문에 어떤 양

---

33 음악 악곡의 중심이 되는 조성(調性)이 전혀 없는 음악.

심의 반응이 일어나지 않는 것이다.

과학, 사업, 정치는 모든 기초를 상실했고, 인간적으로 의미 있는 균형을 상실하고 말았다. 우리들은 숫자와 추상 속에서 살고 있다. 어떤 것도 구체적이지 않고, 어떤 것도 실제적이지 않다. 모든 것은 실제적으로 도덕적으로 추상화 되어진다. 과학적 가상은 과학적 사실과는 다른 것이다. 그것은 다음 해에 벌어질 악몽이요, 꿈에 불과한 것이다. 인간은 어떤 특정 장소로부터 쫓겨내진 존재가 되었다. 그의 삶과 그의 사회생활을 간과하고 그것들을 영위할 수 있는 인간은 근원적으로 자신이 만들어 놓은 힘에 의해 점점 더 끌려가고 있다. 이러한 과격한 소용돌이 안에서 인간은 숫자를 생각하고, 추상적인 것들과 더불어 바쁘게 살고 있다. 그리고 점점 더 구체적인 삶으로부터 멀어지고 있다.[34]

② 소외(疎外)

프롬에 있어서 소외란 〈자기 자신을 이질적인 인간으로 느끼

---

[34] TSS, p. 120.

는 어떤 경험의 양상〉을 의미한다. 인간이 스스로를 자기 세계의 중심으로 경험하지 못하고, 또 자기 자신의 행위의 창조자로 경험하지 못할 때, 다른 사람과는 물론 자기 자신으로부터 떨어져 있음을 느끼게 될 때 소외를 체험하게 된다.

소외라는 말의 어원을 살펴보면, 그 의미 자체로 정신병자를 뜻하고 있음을 알게 된다. 프랑스어의 *aliéné*, 스페인어의 *alienado*는 철저히, 완전히 소외된 인간, 즉 정신질환자를 의미했다. 영어의 alienist는 지금도 정신이상자를 치료하는 의사를 지칭하고 있다.

19세기에 들어 '소외'라는 개념은 헤겔(Georg Hegel)과 마르크스(Karl Marx)에 있어서는 정신이상 상태를 의미하는 것이 아니라, 다소 덜 과격한 자기-소원(疏遠, self-estrangement)을 뜻하였다. 즉 마르크스의 사상 체계 안에서 소외란, '인간의 행위가 자기 스스로를 지배하는 것이 아니라, 그에게 어떤 이질적인 힘으로 작용하고 있는' 조건을 일컬었다.

'소외'란 단어가 일반적 의미로 사용된 것은 최근 일이지만, 이 개념은 훨씬 오래 전 구약성경의 선지자들이 우상숭배(idolatry)라는 의미로 사용했던 것이다. 프롬은 이 '우상숭배'라는 개념의 뜻을 탐구해 보면, 소외개념을 더 잘 이해할 수 있다고 보았다.

일신교(一神教)의 선지자들은 이단 종파들을 향해 그들이 하나의 신(神) 대신에 다수의 신들을 경배했기 때문에 우상숭배를 하였다고 비난하지는 않았다. 일신교와 다신교의 근본적인 차이는 신의 〈숫자〉가 아니라, 자기 소외라는 사실에 놓여 있다. 인간은 자신의 예술적 재능을 퍼부어서 우상을 건설하고, 그 우상을 경배한다. 즉 〈인간의 생명력이 어떤 '사물(thing)'에 흘러들어〉, 우상이 된 그 물체가 인간을 지배하는 그 무엇으로서, 인간과는 별개로 동떨어진 것으로, 인간이 경배하는 그 어떤 것으로 경험된다.

일신교적 시각에서 신이란 인식되거나, 정의를 내릴 수 없는 존재이다. 신은 사물이 아니다. 만약 인간이 신을 닮은 형상으로 창조되었다면, 그는 무한의 특성을 지닌 존재로 창조된 것이다. 우상숭배란 인간이 자기 자신 안에 있는 어떤 부분적 속성에 대해 경배하고, 그것에 복종한다. 이러할 때 인간은 그 자신을 사랑이나 이성을 발휘하는 중심체로서 경험하지 못하게 된다. 그리고 우상 숭배자들에 있어 다수의 신들이 사물이 되는 것처럼 그들 자신도 〈일종의 사물로 전락〉되어 버리고, 그들의 이웃도 마찬가지로 사물화 되고 만다.

모든 나라의 우상들은 은이요, 금이며, 사람들의 손으로 만들어진 은과 금입니다. 우상들은 입을 갖고 있지만 말을 할 수 없으며, 눈을 갖고 있어도 볼 수 없습니다. 그들은 귀가 있어도 들을 수 없으며, 그들의 입에는 숨도 없습니다. 우상을 만드는 자들은 우상과 같습니다. 우상들을 의지하는 모든 자들도 그와 같을 것입니다.[35]

프롬에 있어 모든 순종적인 경배행위는 소외와 우상숭배의 행위이다. 인간에게 있어 '사랑'이란 우상숭배적 소외현상으로 신이나 우상이 아닌 다른 사람을 숭배하는 것이다. '사랑하고 있는' 사람은 사랑의 대상에게, 자신의 모든 사랑과 힘과 생각 등을 향하게 한다. 사랑의 대상을 자기보다 우월한 존재로 여기며, 완전한 순종과 경배 안에서 만족을 경험하게 된다.

---

[35] 구약성경(쉬운 성경), 시편 135편: 15-18. TSS, p. 122.

위와 같은 양상은 정치 지도자나 국가에 대한 숭배에 있어서도 그대로 존재하고 있다. 실제로 지도자와 국가는 피지배자의 동의에 의해서 존재하는 것이지만, 각 개개인이 그의 모든 권리를 지도자와 국가에 넘겨주고, 그들을 숭배하고, 복종과 숭배를 통해 개개인의 소소한 권리를 보장받기를 소망할 때, 그들은 우상이 된다. 파시즘이나 스탈린주의에 있어서 〈완전히 소외된 국민들은 우상의 제단 앞에서 경배를 드리고〉 있는 것이다. 이 같은 우상은 국가든, 계급이든, 집단이든 혹은 다른 어떤 것이라도 그 명칭에 상관없이 본질에서는 큰 차이가 없다.

사람이 다른 사람과의 관계뿐 아니라, 자기 자신과의 관계에 있어서도 비합리적 열정에 종속될 때, 우리들은 그것을 우상숭배 혹은 소외라고 부를 수 있다. 권력욕에 빠진 사람은 권력이, 돈만을 추구하는 사람은 돈이 그가 숭배하는 우상이 되는 것이다. 이런 의미에서 〈정신질환자는 완전히 소외된 인간〉이라고 볼 수 있다. 그의 행동은 그 자신의 것이 아니다. 그는 그 〈자신〉이 원하는 행동을 하고 있다는 환상에 빠져 있으며, 실제로는 자기 자신과는 분리된, 그의 배후에서 작용하고 있는 어떤 힘에 의해 이끌려질 뿐이다. 그리하여 그는 자신의 동료가 자신에게 있어서 이방인인 것처럼, 자기 스스로에게 있어 낯선 존재가 되고 만다.

현대 사회에서 우리가 발견하는 소외 문제는 거의 모든 부분에 퍼져 있다. 즉 우리의 노동, 소비하는 상품들, 국가, 동료, 남녀 간의 맹목적 사랑, 자기 자신에 이르기까지 아주 다양하다. 특히 생산 과정에 있어서 노동자들은 원자론적 관리의 틀 안에서 일종의 경제적 원자(原子)로 변모해 있다. 현대의 생산체제가 강해지면 강해질수록 인간은 일종의 자동 기계와 같은 존재가 되어서 자신의 무기력함을 더 강하게 느낄 뿐이다.

경영자의 역할 또한 소외의 한 양상을 보인다. 그가 회사 전체를 경영하는 것은 맞는 말이지만, 그도 역시 구체적이고 유용한 것인 상품으로부터는 소외되어 있다. 과거의 소유자 겸 경영자 유형과 비교해 볼 때, 현대 경영은 일종의 관료화(bureaucratization)의 구조를 지니고 있어서 조직의 대형화와 더불어 소외의 양상을 띠게 된다.

특히 대기업의 경영과 더불어 정부의 행정업무 역시 관료와 대중과의 관련에 있어 소외 문제가 발생하고 있다. 고위 관료들은 자신의 직업적 활동에 관련되는 한, 어떤 감정을 지녀서는 안 된다. 그들은 일반 대중을 마치 숫자나 물건처럼 조정하고 있다. 산업구조나 행정부 체제가 복잡하면 할수록 이 모두를 통괄할 수 있는 관료는 필수적으로 요청된다. 다시 말해 거대한 체제를 운영하는 관료는 거의 신과 같은 숭앙을 받게 된다. 현대 자본주의 사회에서 관료는 전체 국민의 생존을 위해 필연적으로 존재해야 하므로, 중세의 지도자 못지않게 신성한 존재가 되는 것이다.

〈소비〉 과정도 생산 과정 못지않게 소외되어 있다고 프롬은 지적한다. 우선 우리는 돈을 가지고 물건을 획득한다. 우리는 이것에 익숙해져서 너무 당연한 것으로 여기고 있다. 그러나 획득과 소비의 과정에서 〈돈이 갖고 있는 소외 기능〉에 대해서 마르크스는 다음과 같이 말하고 있다.

돈은 … 인간과 자연의 실제적 힘을 단순히 추상적 개념으로 만들어 불완전한 것으로 변모시킨다. 그리고나서 각 개개인의 상상력 안에만 존재하고 있는 힘을 실제적인 힘으로 변모시킨다. … 그 힘은 고귀함을 악한 것으로, 악한 것을 덕스러운 것으로, 노예를 주인으로, 주인을 노예로, 무지를 지성으로, 지성을 무지

로 변환시키는 것이다.[36]

과거에 있어서 소비는 '행복'이라는 목적을 위한 수단이었다. 그러나 이제는 '소비 자체를 위한 소비'가 되고 말았다. 우리는 홍수처럼 쏟아져 나오는 광고와 선전에 빠져서 실제로 먹고 마시는 실물을 잃어버린 채, 선남선녀가 나오는 환상(phantasy)을 먹고 마신다. 우리는 코카콜라를 마시는 것이 아니라, 그 상표를 마시는 것이다. 우리는 우리가 즐겨 관람하는 각종 운동경기, 영화, 신문, 잡지, 강의, 자연 경치, 사교 모임 등을 '소비하고 있을' 뿐이다.

프롬은 '카메라를 들고 있는 관광객'이야말로 세계에 대해 소외된 관계를 드러내는 대표적 상징물이라고 본다. 우리가 즐겨 찍고 있는 사진 촬영을 생각해 보라. 관광객은 사진 찍는 것에 급급해서 정작 자신이 보아야 할 것을 제대로 보지 못한다. 관광객이 보고 있는 것은 카메라 안에 담겨 있는 것뿐이다. 카메라가 그를 위하여 경치를 대신 쳐다보고 있으며, 그의 '즐거움'

---

36 TSS, p. 132.

을 위한 여행의 결과물은 남겨진 스냅사진의 묶음뿐이다.

그리고 현대 사회의 인간이 지니고 있는 동료나 친구들에 대한 관계에 대해 프롬은 아주 부정적인 시각을 지니고 있다. 그들의 관계는 서로를 이용하는 〈두 개의 살아 있는 기계〉의 관계로 보고 있다. 고용주는 그가 고용한 사람들을 이용하고 있으며, 판매원들은 소비자를 이용하고 있다. '만인은 만인에 대한 상품'[37]일 뿐, 사람들은 지금 당장 어떤 쓸모가 없더라도 나중에 써먹을 가치가 있으므로 어떤 우정을 갖고 대하고 있을 뿐이다.

프롬은 이러한 인간 소외는 종교 분야에도 예외 없이 적용됨을 강조하고 있다.

인구의 대부분이 하나님을 믿고 있다는 사실에도 불구하고, 그 자신의 영혼, 구원, 영적 성화(聖化)에 대해서는 거의 걱정을 하고 있지 않다는 사실에 주목해 보는 것은 참 흥미롭다. 하나님은 전체로서의 세계와 마찬가지로 소외되어 있다.[38]

---

37 Everybody is to everybody else a commodity.

현대 국가는 개인에게 어떤 영향을 끼치고 있을까? 공동체와 정치 체제로서의 국가 간의 분리는 현대인의 모든 사회적 감정을 국가에 쏠리게 했으며, 〈국가는 인간 위에 군림하는 우상〉, 즉 권력이 되었다. 인간은 자기 자신의 사회적 감정을 구현해 낸 것으로서의 국가에 복종하며, 그 자신 국가를 숭배하게 된다.

　그렇다면 '자기 자신에 대해서' 인간은 어떤 관계를 유지하고 있을까? 프롬은 현대인이 갖고 있는 자기 자신과의 관계를 '판매 지향적 성향(marketing orientation)'[39]이라는 용어로 설명한다. 즉 이런 성향 안에서 자기 자신을 시장에서 매매하기 좋은 어떤 물건처럼 경험하게 된다는 것이다. 더 쉽게 말해 인간이 상품이 되었다는 말이다. 그리고 그런 상품에는 자아가 존재하지 않는다. 즉 사물화되어 버린 인간은 〈자기 자신을 가질 수 없게 되었다〉.[40] 이것이 바로 '자아의식의 결여'이며, 이것이 현대인

38　TSS, p. 141.

39　Erich Fromm, *Man for Himself: An Inquiry Into the Psychology of Ethics* 참조. 우리말 번역은 강주헌 역, 『자기를 위한 인간』, 나무생각, 2018.

40　Man who have become things can have no self. TSS, p. 143.

이 갖고 있는 병리적 현상이다.

프롬은 자본주의 사회에서 산다는 것은 인생 전체가 이윤이 남는 자본투자와 조금도 다르지 않다는 것을 경험하게 된다고 주장한다. 우리 인생이나 우리의 인격은 모두 투자될 수 있는 자본인 것이다. 심지어 사랑이란 것도 인간이 가장 크게 기대할 수 있는 것을 얻어내고자 하는, '두 사람 사이의 유리한 교환'일 뿐이다. 마치 현대인은 자동차를 새것으로 교환하듯이 예전의 친구들, 다양한 습관, 감정들을 버리고 새것으로 갈아치우고 있다.

③ 다양한 여러 양상들

• 익명의 권위-순응

프롬은 현대인의 '권위'에 대한 태도부터 다루어 보고자 한다. 이미 합리적 권위, 비합리적 권위, 촉진적 권위, 억압적 권위 등의 차이에 대해서 논의한 바 있는데, 18, 19세기의 서구 사회는 이런 서로 상이한 권위들의 혼합이라는 특징을 지니고 있었다는 것을 살펴보았다. 합리적 권위와 비합리적 권위에 공통되는 부분은 두 가지 모두 〈공공연한 권위(overt authority)〉라는 것이다. 우리는 명령을 내리거나 금지시키는 사람이 누구인지 분명히 알고 있다. 예를 들어 아버지, 스승, 사장, 왕, 공무원, 목사, 신, 법률, 도덕적 양심 등이 그 대표적인 경우이다. 그리하여 나는 그 존재에 대해 복종하거나, 반항할 수 있으며, 언제나 그 복종의 결과가 어떠하며, 그 반항의 결과가 어떠한지 분명히 알 수 있다.

그런데 그러한 권위의 성격이 20세기 중반에 들어와서 바뀌기 시작했다. 권위는 이제 명시적인 권위가 아니라, 〈익명의 권위, 눈에 보이지 않는, 소외된 권위(anonymous, invisible, alienated authority)〉로 등장한 것이다. 아무도 어떤 요구를 하지 않는다. 누구도 어떤 사상이나 도덕률을 강요하지 않는다. 그러나 우리 모두 독재 사회에 사는 사람보다 훨씬 더 잘 순응하고 있다. 오늘날의 권위는 무엇인가? 이윤, 경제적 필요, 시장(市場), 상식, 여론 및 사람이 행동하고, 생각하고, 느끼는 것이 바로 새로운 권위이다. 익명의 권위가 지닌 법칙은 시장의 법칙과 마찬가지로 눈에 보이지 않는다. 눈에 보이지 않는 것에 대해 누가 공격할 것이며, 존재하지 않는 사람에 대해서 누가 반항하겠는가?

익명의 권위는 동조 혹은 순응의 장치를 통해 작용한다. 나는 모든 사람이 하는 대로 따라해야 하며, 어디가 다르거나 유별나서는 안 된다. 나는 자아의식을 상실한 채, 단지 '하나'가 되어서 '그것'의 일부가 되어야 하는 것이다.[41] 어디에 소속되고 싶다는 갈망, 어디에 수용되어지고 싶다는 열망이야말로 소외된 인간을 규정짓는 대표적 느낌이다. 다른 이와 일체감을 갖기 위한 유일한 안식처는 바로 〈순응(conformity)〉이다. 다른 사람과 다르지 않다는 것이 확인될 때, 우리는 받아들여진다.

순응이 결핍된 인간은 '정신병 환자'라는 식의 비난뿐 아니라, 때로는 가혹한 제재의 처벌을 받기도 한다. 다른 사람과 잘 어울리기 위해 우리는 학교에서 소위 '시민의식(citizenship)'에 대한 교육을 받는다. 성인들 사이에서는 '사교성' 혹은 '일체성'이라고 부르는 것들이다. 특히 여러 사람과 잘 어울려서 일을 해야 하는 산업노동자들에 있어 순응은 필수적이다. 어떤 노동자도 여기에서 벗어날 수 없다. 그들도 다른 사람들과 마찬가지로 광고, 영화, 텔레비전, 신문 등과 같은 현대 문화의 여러 장

---

41 I became a "one," a part of the "It." TSS, p. 153.

치의 영향 아래 있으면서, 이것들에 대한 순응에서 결코 벗어날 수 없는 것이다.

● 욕구 충족의 원리

익명의 권위와 자동화된 순응은 대부분 기계에 대한 빠른 적응, 훈련된 집단행동, 공통적인 취미, 폭력이 수반되지 않은 순종 등을 요구하는 우리의 일반적 생산양식의 결과이다. 우리 경제체제의 또 다른 측면인, 대량소비의 요구는 19세기의 사회적 성격과는 대조되는 현대사회의 뚜렷한 특징을 만들었다. 즉 〈모든 욕망은 즉시 충족돼야 하며, 어떠한 소원도 좌절되어서는 안 된다는 원리〉[42]가 그것이다. 이 원리의 가장 뚜렷한 예로 우리는 할부판매 제도를 들 수 있다.

19세기에는 우리가 돈을 저축한 다음에 물건을 구입할 수 있었다. 그러나 오늘날에는 지금 필요하거나, 당장 필요하지 않은 것까지 외상으로 구입한다. 광고의 기능은 감언이설로 필요

---

[42] The principle that every desire must be satisfied immediately, no wish must be frustrated. TSS, p. 164.

치 않은 물건도 구입하게 만드는 것이다. 이렇게 현대인은 일종의 물건구입 순환의 틀 속에 살고 있다. 우리는 어떤 상품을 외상으로 사고, 그 빚을 다 갚을 쯤 되면 다시 그 상품을 팔고, 새 상품을 장만한다.

모든 욕망은 충족돼야만 한다는 원리는 특별히 1차세계대전이 종결된 뒤, 인간의 성행위(性行爲)까지 영향을 미치게 되었다. 오해된 프로이트의 어설픈 주장이 그런 행위의 근거로 마구잡이로 악용되기도 하였다. 정신질환은 '억압된' 성 충동에서 비롯된 것이며, 욕구불만은 바로 '정신적 외상'이기 때문에, 성 충동은 억제하지 않을수록 정신적으로 더 건강할 수 있다는 억지 논리가 바로 그것이다.

물품에 대한 엄청난 탐욕과 그러한 욕구 충족을 지체시키는 것을 참지 못하는 것이 현대인의 특성이라고 막스 셸러(Max Scheler, 1874-1928)[43]나 베르그손(Henri Bergson, 1859-1941)[44] 같은 철

---

43 독일 철학자. 현상학, 윤리학, 철학적 인간학 관련 분야의 저술을 남김.
44 프랑스 철학자. 『창조적 진화』 등, 생(生)의 철학 관련 다수의 저술을 남김. 관행상 Bergson 표기를 '베르그송'으로 해왔으나, 프랑스 현지에서는 그의 유대계 성(姓)을 존중하여 발음함으로, 그에 걸맞게 '베르그손'으로 표기함.

학자는 주장하였다. 이와 관련된 가장 신랄한 풍자는 헉슬리 (Aldous Huxley, 1894-1963)의 『멋진 신세계』에 나오는 구호 "오늘 즐길 수 있는 것을 결코 내일로 미루지 마라"[45]이다. 현대인은 항상 쾌락에 빠져 있기 때문에 자기 자신이 누구인지 제대로 파악할 필요조차 느끼지 못하고 있다.

나는 일종의 〈욕구와 만족으로 이루어진 체계일 뿐이다.〉[46] 나는 나의 욕구를 충족시키기 위해 일해야만 한다. 그리고 이러한 욕구는 끊임없이 자극되고 경제적 틀에 의해 방향 지워진다. 이러한 욕망의 대부분은 복합적이다. 성적인 욕망조차도 〈자연적〉인 것이 아니라, 만들어진 것이다. 그것은 어느 정도까지 인위적으로 자극되고 있다.[47]

현대인이 쾌락을 얻는다는 것은 주로 소비와 '획득'의 만족에 치중돼 있다. 상품, 관광, 음식, 음료, 담배, 인간, 강의, 책, 영화

---

[45] "Never put off till tomorrow the fun you can have today."
[46] I am a system of desires and satisfaction.
[47] TSS, p. 166.

등 모든 것이 소비되고 삼켜지고 만다. 세계는 우리의 입맛에 맞는 거대한 사과, 거대한 술병, 거대한 젖가슴이다. 현대인은 영원히 기대하고, 영원히 갈망하고, 영원히 절망하면서 살아가는 '젖먹이 동물'에 불과하다. 사람들은 생명과 생기가 없는 삶을 살아가고 있고, 그들의 인생은 손바닥 사이로 흘러내리는 모래처럼 허무할 뿐이다.

● 자유연상과 자유대화

프로이트는 '자유연상(free association)'의 원리를 발견했다. 프로이트가 자유연상을 발견했을 때 그것은 하나의 치료법이라기보다, 환자가 정신분석 의사나 상담 전문가에게 자신의 이야기를 모두 털어놓게 함으로써 환자의 긴장을 완화시키는 방법이었다. 즉 환자의 내부에서 무슨 일이 일어나고 있으며, 〈환자 자신이 누구인지〉를 알아내기 위한 장치였다.

그러나 프롬에 의하면, 프로이트의 초창기 자유연상법의 의도와는 다르게 그 후에 전개되었던 자유연상법 구현은 그 반대의 목표를 지향하고 있는 듯이 보인다. 다시 말해 자기를 찾기보다 오히려 자신이 누구인지를 〈잊어버리게〉 하고, 자기의식을 없애는 쪽으로 전개되었다는 것이다.

소크라테스로 인해서 널리 알려지게 된 델포이(Delphi)의 신탁 "너 자신을 알라"에서부터 프로이트의 정신분석학에 이르기까지 심리학의 기본 기능은 자기 자신을 발견하고, 개인을 이해하고, '우리를 자유롭게 하는 진리'를 발견하는 것이었다. 그런데 오늘날 정신의학, 심리학, 정신분석학이 하는 일은 인간을 조종하는 도구의 역할을 할 뿐이라고 프롬은 비판한다. 대부분 이 분야의 전문가들은 당신에게 어떤 사람이 '정상적인(normal)' 인간인지를 알려주고, 당신에게 잘못된 점이 무엇인가를 지적하여 준다. 그리하여 당신이 자신이 속한 사회에 잘 적응하도록, 더 행복하도록, 그래서 정상적인 인간이 되도록 조정하는 방법을 고안하는 데에 전력을 다하고 있다. 이러한 조작은 특히 현대에는 신문, 라디오, 텔레비전 등이 끊임없는 내용을 반복함으로써 이루어지고 있다.[48]

---

[48] 오늘날에는 당연히 '인터넷'이나 '휴대폰' 등과 관련된 내용이 첨가되어야 할 것이다.

● 이성, 양심, 종교

소외된 세계에서 〈이성, 양심, 종교〉는 과연 어떤 변모를 가져올까? 겉으로 봐서는 아주 번창해진 것처럼 보인다. 서구 세계에 문맹(文盲)은 거의 없으며, 대학 진학이 늘어나고, 누구나 다 신문을 읽고, 세계 정세에 대해서 이성적으로 말하고 있다. 양심에 관련해서도, 대부분의 사람은 복잡한 세상에 사는 데도 불구하고 놀랍도록 예의 바르게 행동하고 있다. 종교 인구도 많이 늘어났으며, 미국인 상당수는 하나님을 믿고 있다고 알려져 있다.

프롬은 여기에서 앞에 논술했던 것처럼 지능(intelligence)과 이성(reason)을 구분하고 있다. 어떤 실제적인 목표를 달성하기 위한 개념을 활용하거나, 사업을 구상하거나, 어떤 것을 '계산해 낼 때', 우리는 지능을 사용한다.

그러나 이성은 이해(understanding)를 목표로 삼고 있다. 이성은 표면 뒤에 숨어있는 것을 발견하고, 우리를 둘러싸고 있는 실재의 본질을 인식하고자 한다. 이성의 기능은 물질적인 것이 아니라, 정신적이고 영적(靈的)인 측면에 맞추어져 있다. 개인생활이나 사회생활을 해나가는 데 있어 미래를 예측하기 위해서는 이성의 능력이 요청된다. 데카르트도 이성을 사용하여 "나는 생각 한다"라는 사실에서 자신의 존재를 연역해 내었다.

그러나 현대인은 인간실존의 실체를 모두 은폐하고 인위적이고, 각색된 가짜의 실체로 이를 대체하고 있다. 그들은 실재세계와 너무도 멀리 떨어져 있다. 단편적인 일을 감당해 낼 수 있는 지능은 발달해 있지만, 전체를 조망할 수 있는 이성의 힘은 갈수록 약화되고 있는 상황이다.

먹고, 마시고, 소비하고, 조작하는 데 우리는 너무나 익숙해져 있다. 그러나 그래서 어떻게 할 것인가? '삶의 의미'는 먹어치울 수 있는 것이 아니며, 소비할 수 있는 것도 아니다. 대부분의 현대인은 "내일 일은 될 대로 되라!"라는 식으로 살고 있다. 지능은 수단에 관한 지식(know-how)에 관련되어 있지만, 이성은 이유에 관한 지식(know-why)과 목적에 관한 지식(know-what-for)과 관련되어 있다. 그런데 우리는 이유와 목적에 대한 올바른 지식을 가지고 있지 못하다고 프롬은 강조한다.

〈윤리〉는 최소한 희랍적-유대교적-기독교적 전통에 있어서 이성과는 불가분적이다. 윤리적 행위는 이성을 기초로 해서 가치판단을 내리는 능력에 의해 결정된다. 윤리는 그것이 일신교의 것이든 세속적 인본주의 것이든 간에 "어떤 기관이나 어떤 사물도 인간보다 더 중요하지는 않다"라는 원칙에 바탕을 둔다. 다시 말해 윤리는 '인생의 목적은 인간의 사랑과 이성의 능력을 만개시키는 데' 있고, 여타 인간의 모든 행위가 그 목적에 종속돼야만 한다는 원칙에 그 기초를 두어야 한다.

양심은 인간이 자기 자신을 사물이나 상품으로서가 아니라, 오직 인간으로만 경험할 때에 존재한다. 시장에서 교환되고 있는 〈물건들〉에 있어서 〈공정성(fairness)〉이라고 하는 윤리에 준하는 규칙이 자본주의 사회에 존재한다. 이 공정성은 선도 악도 아니지만, 시장의 윤리적 원리이며, 판매 지향적 인격을 지니고 있는 사람들의 삶을 지배하는 원리이다.

우리가 인본주의적 윤리와 공정성의 윤리 간에 보이는 모순에 빠지지 않는 이유는 공정성 윤리의 조명 아래 인본주의적 윤리를 재해석하고 있기 때문이다. 그 대표적인 사례가 바로 '황금률(Golden Rule)'이다. "네 이웃을 네 몸처럼 사랑하라."는 성경적 규범은 "공정하게 거래하라. 네가 얻고자 기대하는 것을 주어라. 남을 속이지 말라."는 공정성의 윤리 규범으로 치환되는 것이다.

소외된 인간에 있어서 〈종교〉의 역할은 어떠한가? 프롬에 있어서 종교는 넓은 의미로 보면, 인간 누구에게나 영향을 줄 수밖에 없다. 왜냐하면 인간은 무엇이라도 믿지 않으면 살 수 없기 때문이다. 문제는 현대 자본주의 사회에 있어서 '기계가 신(神)의 역할'을 담당하고 있으며, 능률을 숭배하고 있다는 사실이다.

프롬이 보기에 일신교(유대교, 가톨릭, 기독교 등)와 우상숭배와의 싸움은 '생산적인 삶의 양식'과 '소외적인 삶의 양식' 간의 싸움이다. 그런데 현대 자본주의 사회의 문화는 역사상 지금까지 있었던 어떤 문화보다도 세속적이다. 우리는 삶의 의미나 그 해결에 관심을 갖고 있지 않다. 우리가 관심을 갖고 있는 것은 우리의 삶에 모든 것을 잘 투자하여 대과(大過) 없이 삶을 마무리하는 것이다.

오늘날 우리가 목격하고 있는 종교적 〈부활〉은 아마도 일신교가 지금까지 받아왔던 것 가운데 가장 최악의 타격일 것이다. 〈위층에 있는 아무개(the Man upstairs)〉에게 말하는 것보다 더 커다란 신성모독이 있을 수 있을까? 절대자 하나님을 당신 사업의 한 파트너로서 만들게끔 기도하도록 가르치기 위해, 여

러 방법으로 종교를 팔고 있고, 비누를 팔아먹듯이 광고하고 있다.[49]

• 노동

소외된 사회에서 〈노동〉은 어떤 의미를 지니고 있는가? 인간의 노동은 인간을 자연으로부터 해방시켜 주었으며, 자연으로부터 독립된 사회적 존재가 되게 하였다. 인간은 노동의 과정에서, 즉 〈자연을 새롭게 만들고 변화시키는 과정에서, 자기 자신을 새롭게 만들고 변화시켜 왔다.〉 그 과정에서 협동력을 기르고, 이성의 힘을 고양시키고, 미적 감각을 길렀다.

서구 역사에 있어서 13, 14세기에 활약했던 장인들의 기능은 노동 발전에 있어서 하나의 획을 그었다고 볼 수 있다. 왜냐하면 이 당시 노동은 그 어느 때보다도 노동자에게 깊은 만족을 주었기 때문이다. 노동자의 마음은 노동 생산물로부터 분리되어 있지 않았으며, 노동과 놀이, 노동과 문화는 서로 연결되어 있었다.

---

49 TSS, p. 176.

중세 구조의 멸망과 함께 근대적 생산 양식이 도입되면서 노동의 의미와 기능은 점차 변하기 시작했다. 특히 기독교 국가에서 더 근본적으로 변화되었는데, 노동은 단순한 생계유지의 수단만이 아니라, **구원**을 받을 것인가 그렇지 않은가 하는 것을 가늠하는 기준이 되었다. 그리하여 노동은 점차적으로 부(富)와 성공이라는 목표를 위한 하나의 수단으로 변모되고 말았다.

굶어 죽지 않기 위해서 하루 16시간씩이나 노동을 해야 했던 18, 19세기의 노동자들은 신에게 봉사하기 위해서도 아니고, 성공하면 신으로부터 '선택받은(chosen)' 사람이라는 것을 증명하기 위해 노동한 것도 아니었다. 점차 노동은 중산층에게는 '의무'로 그리고 무산계급에게는 '강요된(forced)' 노동으로 양분화되었다. 19세기에 퍼져 있었던 의무로서의 노동이라는 종교적 색채는 점차 퇴색되면서, 오직 더 크고 좋은 물품을 만들어내는 노동으로 그 성격이 바뀌었다. 한마디로 말해서 노동은 '노동자로부터 소외'되기 시작했다.

산업사회에서 노동자는 기계의 주인이 아니라, '기계의 노예'로 전락했다. 기계가 인간 에너지의 대용물이 된 것이 아니라, '인간이 기계의 대용물'이 되었다. 소외당하고 불만이 넘치는 노동은 노동자에게 두 가지의 반응을 만들었다. 하나는 완전한 '게으름(laziness)'이요, 다른 하나는 '적대감(hostility)'이다.

문제는 이러한 노동에 대한 적개심 및 노동에 관련된 모든 사람에 대한 적대감은 게으름이나 나태함보다 더 무의식적이며, 인간 내면에 깊이 자리하고 있다. 노동자만 적의를 갖고 있는 것이 아니다. 많은 사업가는 자신의 사업과 자신이 팔고 있는 상품 자체에 대해 포로가 된 느낌을 갖는다. 그리고 그런 상품을 팔기 위해서 쇼를 하도록 만드는 소비자들에 대해서 혐오감을 지니게 된다. 또 자신의 사업에 관련된 경쟁자들과 윗사람과 피고용인에 이르기까지 미움을 지니게 된다. 왜냐하면 그 모든 사람과 '경쟁'을 하고 있기 때문이다. 더욱 심각한 것은 그러한 '자기 자신을 혐오'한다는 사실이다. 자신의 일생이 잠깐 동안의 성공이라는 도취감에 빠져있는 것 외에 아무 의미 없이 지나가 버리고 만다는 사실을 잘 알고 있기 때문에 더욱더 그렇다.

• 민주주의

노동이 소외되어 왔던 것과 마찬가지로 현대 민주주의에 있어서 유권자의 의지 표현도 소외되어 있다. 〈민주주의〉의 기본 원리는 한 명의 통치자나 소수의 집단이 아니라, '국민 전체'가 자신들의 운명을 결정하고, 공통의 관심사에 대해 결단을 내린 다는 것이다.

그러나 새롭게 등장한 민주주의 체제는 하나의 중요한 모순에 시달리게 된다. 즉 처음에는 기회와 소득의 엄청난 불평등 상태에서 진행되었기 때문에, 특권계층은 그 당시 자신들에게 현실적으로 주어져 있는 특권을 다수의 무산(無産)계층에게 빼앗겨지는 것을 원치 않았다. 그리하여 대다수의 무산계층 사람들의 선거권은 박탈당했으며, 어떤 특정한 자격조건 없이 모든 시민이 투표할 권리를 갖는 원칙은 아주 서서히 채택될 수밖에 없었다.

19세기에 접어들어 보통 선거권이 민주주의의 모든 문제를 해결할 것처럼 보였을 때, 영국 차티스트운동[50] 지도자의 한 사람이었던 오코너(Feargus Edward O'Connor)는 다음과 같이 말했다.

---

50 1830-1840년대에 걸쳐 일어난 영국 노동자의 참정권 확대 운동.

보통선거권은 인류애, 상호이익, 보편적 신뢰감에 대해 의심과 회의감을 지니고 있었던 경찰국가로부터 단번에 사회의 성격을 다른 것으로 바꾸게 하였다. … 인권헌장(the Charter)이 통과된 지 6개월 뒤에, 나라 안의 남녀노소가 잘 먹고, 잘 입고, 잘 살게 될 것이다.[51]

그 뒤, 모든 민주주의 국가에서 남성에 대한 보통 선거권제가 채택되었고, 스위스를 제외한 대부분의 나라에서 여성에 대한 참정권 제도도 도입되었다. 그러나 안타깝게도 가장 부유한 나라에서조차도 인구의 1/3이 의식주의 문제를 제대로 해결하고 있지 못한 상황이다. 사실 오늘날 민주주의의 문제점은 참정권의 제한에 있다기보다, '참정권을 행사하는 그 방식'에 있다는 것이 더 분명해졌다.

만일 국민이 '자신들의' 어떤 의지와 신념을 갖지 못한다면, 즉 그들이 거대한 기계에 의해서 조종당하는 소외된 인간 기계라면, '그들의' 의지는 과연 어떻게 표출될 수 있을까? 이러한 환경

---

51 TSS, p. 185.

아래에서 보통 선거권은 또 하나의 잘못된 숭배대상일 뿐이다.

비인학파의 지도적 경제학자였던 슘페터(Joseph A. Schumpeter, 1883-1950)는 정치적 문제에 있어서 대중의 의지를 조종하는 것과 상업광고에 있어서 소비자의 의지를 조종하는 것 사이의 유사점을 지적한다. 즉 그 둘은 모두 대중의 잠재의식을 파고든다는 것이다. 비합리적일수록 더 효과적인 연상을 만들어 낼 수 있다는 말이다. 광고가 한 가지 내용을 계속 반복함으로써 선전효과를 극대화하듯이, 정치도 그런 방식으로 대중을 현혹시킨다는 것이다.

한 개인이 한 정당에 대해서 투표하였을 때에 자기 자신이 그 나라의 제반 사항에 대한 결정에 크게 참여하고 있다고 믿고 있지만, 프롬은 그것이 바로 '환상'이라고 꼬집는다. 많은 현대인들은 자신이 정치적 결정의 창조자라는 환상에 사로잡혀 있다는 말이다. 그리고 실제로 자신의 의견이 국가 정책에 반영되지 않을 때 우리는 정치적 무력감에 빠지게 된다.

(3) 소외와 정신건강

그렇다면 소외가 정신건강에 어떤 영향을 끼치게 될 것인가? 그 대답은 건강을 어떻게 정의하느냐에 따라 결정될 수 있을 것이다. 즉 건강이란, 인간이 사회적 역할을 잘 감당하고, 생산적 일을 수행하며, 생식 기능을 원만히 할 수 있는 경우를 의미한다면, 소외된 인간도 아주 확실히 건강한 사람으로 간주할 수 있다.

그런데 프롬은 현대 정신병리학자들이 내리고 있는 정신건강의 정의에 따른다면, 우리는 누구라도 정신적으로 다 건강한 사람이 될 수밖에 없다고 비판한다. 그러면서 그는 웰스(Herbert George Wells, 1866-1946)의 소설 『시각장애인의 나라(Country of the Blind)』에 나오는 우화를 예로 들면서 과연 누가 건강한 사람이고, 누가 병든 사람인가를 질문하고 있다. 그 우화의 핵심 부분은 눈먼 사람들이 사는 나라에 두 눈 멀쩡한 사람이 환자가 되어서 눈먼 의사에 이끌려 수술을 받게 되는 장면을 묘사하고 있다. 자신들이 진행하고 있는 수술, 즉 그들이 보기에는 이상한 물체인 '눈'을 제거함으로써, 그 환자가 시각장애인이 되어서야 비로소 올바른 인간이 될 수 있다는 기막힌 역설을 보여주고 있다.

현대 정신의학자들은 우리 시대의 소외된 사회의 특성인 적응, 협동, 공격성, 관용, 야망 등을 오히려 강조하고 있다. 현대인은 이런 것들을 지니고 있어야 정신적으로 건강한 증거라고 주장하고 있다. 바로 이 점에 대해서 프롬은 반박하고 있다.

현대인들은 여러 가지 불안 증세를 지니고 있다. 혹시 실직될지 모른다는 경제적 불안감, 전쟁이 일어날지 모른다는 안보적 불안감, 인생에서 실패할지 모른다는 미래에 대한 불안감 등 많은 불안에 떨고 있으며, 이에 따라 안전(security)을 무척 중히 여긴다. 어떤 문제의식이나, 어떤 의혹도 가져서는 안 되고, 어떤 모험도 감행해서는 위험하다. 항상 안전해야 안심이 된다. 그래서 많은 정신병리학자들이나 정신분석학자들은 안전감과 정신건강을 동일시하고 있다. 이에 대해 프롬은 다음처럼 논박한다.

인생이란, 그 정신적 영적 측면에 있어서 필연적으로 불안정하고 불확실하다. 단지 우리는 태어났으며, 죽을 수밖에 없다는 사실만이 가장 확실할 뿐이다. … 〈자유로운 인간은 필연적으로 불안정하고, 사유하는 인간은 필연적으로 불확실하다.[52]〉[53]

인간의 실존적 상황에 있어서 선천적인 이러한 불안을 인간은 어떻게 이겨낼 수 있을까? 하나의 방법은 가족이든, 씨족이든, 민족이든, 계급이든 간에 그 집단의 구성원이 됨으로써 동질감을 보장받고, 그 집단에 뿌리를 내리는 것이다. 소외된 인간은 되도록 동료와 비슷해짐으로써 어떤 안전성을 느끼게 된다. 그래서 현대인은 마약중독자가 마약에 빠져들 듯, 항상 타인의 인정을 받고 싶어 하는 것이다.

　정신건강의 또 하나의 목표인 〈사랑〉도 소외된 상황 안에서 새로운 의미를 갖게 된다. 프로이트에게 있어 사랑이란 그가 살았던 시대정신에 따라 근본적으로 '성적(性的) 현상'이었다. 그래서 프로이트는 다음과 같이 말했다.

　인간은 경험에 의해서 다음과 같은 사실을 발견하게 된다. 즉 성적인 사랑은 그에게 가장 커다란 희열을 가져다준다. 그것은 실제로 인간에게 있어 모든 행복의 원형인 것이다. 따라서 성적인

52　Free man is by necessity insecure; thinking man by necessity uncertain.
53　TSS, p. 196.

134

관계에 걸맞게 그의 행복을 추구할 수밖에 없을 것이다. 즉 성기적(性器的) 사랑이 그 삶의 중요 초점이 되도록 노력할 수밖에 없다.[54]

프로이트의 기본 개념에 의하면 '정신건강'이란 사랑에 대한 잠재력의 완전한 실현이며, 리비도의 발달이 성기적 단계(genital stage)에 도달하는 경우에 얻어질 수 있는 것이다. 한편 설리번(Harry Stack Sullivan)의 정신분석학적 체계에서는 프로이트와는 달리 성애(性愛, sexuality)와 사랑(love)을 완전히 구분하고 있다. 설리번은 사랑의 본질을 그 안에서 두 사람이 느끼는 협동(collaboration)의 상황으로 규정했다. 사랑에 대한 프로이트적 개념이 마치 19세기적 유물론과 연관된 가부장적 남성의 경험을 서술한 것에 비해, 설리번의 설명은 20세기 소외된 판매 지향적 성격(marketing personality)을 지닌 사람들의 경험과 관련이 깊다.

〈행복〉이란 개념은 오늘날의 정신건강을 뜻하는 보다 대중적인 개념의 하나일 것이다. 행복이란 과연 무엇을 의미하는

---

54 TSS, p, 198.

가? 오늘날 대부분의 사람들은 행복이란 '재미'를 느끼고, '좋은 시간을 갖는 것(have a good time)'이라고 생각할 것이다. 즉 여가를 즐길 수 있는 사람이 영화관이나 파티, 무도회에 가고 텔레비전이나 보고, 자동차 여행이나 다니고, 성적인 쾌락을 즐기고, 일요일 아침에 늦잠이나 자고, 여기저기 여행 다니는 것 등을 그 사례로 들 수 있을 것이다. 이런 경우 행복이란 결국 쾌락(pleasure) 개념과 별반 다를 것이 없다.

이런 관점에서 많은 사람들은 행복이란 슬픔과 비통함이 없는 마음의 상태라고 이해하고 있다. 그러나 프롬에 의하면 이런 식의 행복 개념에는 무엇인가 심각한 문제가 있다고 지적한다.

생기 있고 활동적인 사람도 슬픔에 빠질 때가 있고, 인생에 여러 차례 아픔을 겪을 수 있다. 어찌 보면 상당한 고통과 슬픔은 인간 존재의 본성에 깃들여 있는 것인지 모른다. 우리가 사랑하는 사람 앞에서 죽거나, 그들이 우리 앞에서 죽을 수 있다는 사실을 우리가 마주칠 수밖에 없는 한, 어떻게 우리가 고통과 슬픔의 경험에서 벗어날 수 있단 말인가.

그래서 프롬은 우리가 행복의 반대어를 들어야 한다면 〈슬품〉과 대비해서는 안 되고, '우울(depression)'과 대비해야 한다고 강조한다. 우울이란 어떤 것을 제대로 느낄 수 없는 것이요, 우리 육신이 살아 있음에도 불구하고 자신이 마치 '죽어 있다고 느끼는' 것을 의미한다. 우울증에 걸린 사람은 슬픔을 경험할 수 없는 것은 물론이요, 기쁨도 경험할 수 없다.

행복은 생산적 삶의 경험으로부터 나온다. 그리고 세상과 우리를 연결해 주는 사랑과 이성의 힘을 사용함으로써 행복은 만들어지는 것이다. 행복은 실재의 밑바닥과 접촉할 때 이루어진다. 즉 행복은 우리 자신과 타인과의 차이점은 물론, 우리 자신과 타인과 하나됨을 발견하는 데에서 존재하는 것이다. 행복은 강렬한 내면적 행위이며, 끊임없이 생동하는 에너지를 체험하는 것이다. 그 에너지는 세상에 대해서 그리고 우리 자신에 대해서 생산적 관계를 지닐 때 발생하게 된다.[55]

프롬은 자신이 내세우는 규범적 인본주의(normative humanism)

---

[55] TSS, p. 202.

의 관점에서 볼 때, 정신건강에 대해 전혀 다른 개념을 지녀야 한다고 강조한다. 즉 소외된 세상의 범주 안에서는 정신적으로 아주 건강하다고 판단되는 사람도 인본주의적 입장에서 볼 때, 그 사람이 속해 있는 '사회가 병들어 있을 때는, 정신적으로 깊이 병들어 있을 수 있다'는 말이다.

인본주의적 의미로 '정신건강'은 사랑하고 창조할 수 있는 능력, 가족과 자연에 대한 근친상간적 유대관계로부터의 탈피, 자기 자신의 경험에 토대를 둔 동질감 인식, 객관성과 이성의 발달을 그 특징으로 하고 있다.

인생의 목적은 열정적으로 살아가는 것이고, 완전하게 태어나는 것이고, 완전하게 깨어있는 것이다.[56]

따라서 정신적으로 건강한 사람은 인생을 사랑할 수 있어야 하며, 반면에 어떠한 두려움 없이 죽음을 받아들일 수 있어야 한다.

---

56 The aim of life is to live it intensely, to be fully born, to be fully awake. TSS, p. 203.

인생에서 우리가 맞닥뜨리는 가장 중요한 문제들에 대한 불확실성을 견딜 수 있어야 하며, 자기 자신의 사상과 감정에 대해 굳센 신념을 지녀야 한다. 그리고 그것들은 진정으로 우리 자신의 것이어야만 한다. 외로움을 참아낼 수 있어야 하며, 동시에 자기가 사랑하는 사람과 지구의 모든 인류와 살아 있는 모든 것과 함께 하나가 될 수 있어야 한다.

정신적으로 건강한 사람은 '사랑'과 '이성'과 '믿음'을 갖고 살아가는 사람이며, 자신의 인생과 다른 사람의 인생을 동시에 존중할 줄 아는 사람인 것이다. 소외된 인간은 건강할 수 없다. 나는 〈당신이 바라는 바로 그런 사람〉[57]인 한, '나는 존재하지 않는' 것이다.

소외로 인한 또 다른 결과는 '죄책감(feeling of guilt)'에 사로잡혀 있다는 것이다. 소외된 인간은 자기가 자기 자신이라는 것에 대해서 죄책감을 느끼며, 또 자기가 자기 자신이 아니라는 것에 대해서도 죄책감을 느낀다. 자신이 살아 있다는 것에 대해, 자기 자신이 자동화된 기계에 불과하다는 것에 대해, 자신

---

57 I am as you desire me.

이 한 인간이라는 것에 대해, 또 자기 자신이 한낱 물건에 지나지 않는다는 것에 대해 죄책감을 느낀다.

소외된 인간은 불행하다. '쾌락을 위한 소비'가 자신의 불행 의식을 다소 억제시켜 주기는 하지만 그것은 일시적일 뿐이다. 그는 어떤 믿음도 없고, 양심의 소리에 대해 귀 기울이지 않으며, 어떤 것을 조작해 내는 지능은 가지고 있지만, 이성을 제대로 갖추지 못했기 때문에 늘 혼란스러워하고 불안에 떤다. 그리하여 자기에게 완전한 해결책을 제시해 주는 어떤 존재에게 기꺼이 **지도자의 자리**를 떠맡기고 만다.

프롬은 자신이 지금까지 논의해 왔던 여러 소외 현상보다 더 많은 문제가 현대 사회에 잔존해 있다고 강조한다. 그럼에도 불구하고 이러한 심각한 소외 상황을 옹호하면서, 낙관적으로 보고 있는 여러 학자에 대해서 현학적인 태도에서 벗어날 것을 강력히 촉구하고 있다.

제6장
여러 다른 진단(診斷)

1. 19세기

19세기에 살던 많은 사상가들은 20세기에 심각한 많은 문제가 문명사회에서 발생하리라는 것을 예측하였다. 프롬은 대표적인 여러 학자의 입을 통해서 그런 내용을 입증하려 시도하고 있다. 즉 부르크하르트(Jacob Christoph Burkhardt), 톨스토이(Leo Tolstoy), 프루동(Pierre-Joseph Proudhon), 보들레르(Charles Baudelaire), 소로(Henry David Thoreau), 잭 런던(Jack London), 마르크스(Karl Marx) 등이 그 대표적 사상가들이다. 간략하게 그들의 주장을 정리해 보자.

스위스의 역사가 부르크하르트는 유럽은 수십 년간의 평화를 구가한 지 얼마 되지 않아 몇 차례의 참혹한 전쟁과 혁명에 의해 군사적, 경제적 독재주의 체제로 접어들 것이라고 예측했다. 20세기는 진정한 민주주의를 뺀, 그 밖의 다른 모든 체제를 위해서 선택된 시대라고 언급하면서 사람들은 어떤 지도자에 대한 '자발적 복종'을 장기간 갖게 될 것이라 주장했다. 20세기 파시즘 및 스탈린주의에 대한 이러한 부르크하르트의 예견은 프루동의 혁명적 예언과 완전히 일치하는 것이었다. 프루동은 미래의 위협에 대해서 다음과 같이 말했다.

탄탄한 민주주의는 대중에 대한 독재에서 발견되는 모습을 지니고 있다. 그러나 대중은, 예전 절대주의로부터 빌려온 계율과 원리와 합치되는, 일반적 농노제를 보장하는 정도 이상의 힘을 가지고 있지 못하다. … 유럽은 사상과 질서의 질병에 걸려 있다. 유럽은 야만적 힘과 원리를 경멸하는 시대로 접어든 것이다. 여섯 개의 거대한 권력이 커다란 전쟁을 일으키는 시대를 열게 되었다. … 대학살이 이루어지고 이러한 피범벅에 따르는 몰락은 아주 비참할 것이다. 우리는 새로운 시대의 과업을 보지 못하고

죽을지 모른다. 우리는 시대의 어두움과 투쟁해야 할 것이다.[58]

부르크하르트와 프루동은 파시즘과 스탈린주의를 19세기 문화의 결과물로 상상하였는바, 그 외의 다른 학자들은 그들의 진단 초점을 당시 사회의 '정신적 빈곤'과 '소외문제'에 두고 있었다. 그리고 그것들이 문화의 쇠퇴와 비인간적 방향으로 이끌어지리라고 진단하였다.

보들레르는 1851년 『북실(*Fusées*)[59]』이라는 자신의 단편집에서 다음과 같이 쓰고 있다.

세상이 거의 종말로 접어들었다. 오직 한 가지 이유로 인해서 지탱할 수 있을 뿐이다. 즉 단지 우연히 존재하고 있다는 이유만으로 존재하고 있는 것이다. … 우리는 단지 우리가 살고 있다는 사실을 원하고 있다는 이유 때문에 멸망하고 말 것이다. 기술주의는 우리를 미국화시킬 것이며, 과학기술적 발전은 우리의 영성을

---

58 TSS, p. 211.
59 재봉틀의 북에 감은 실.

고갈시킬 것이다. … 통치자들은 그들 자신의 권력을 유지하기 위해, 그리고 엉터리 질서를 창출하기 위해, 이미 냉담해진 우리를 공포에 떨도록 무자비한 조치를 취할 것이다.[60]

보들레르와 비슷한 논조를 지니고 있는 톨스토이는 다음과 같이 글을 썼다.

중세 신학 혹은 로마시대의 도덕적 타락은 그들 자신의 백성들에게 독이 되는 것이었지만, 인류 전체로 봐서는 단지 부분적인 것에 불과했다. 그러나 오늘날 전기, 철도, 전보(telegraph) 등은 전 세계를 타락시키고 있다. … 모든 사람들은 그들의 삶에 있어서 가장 중요한, 삶 자체에 대한 이해, 종교를 배반할 필요 아래 놓여 있게 되었다. 기계는 무엇을 생산하기 위한 것인가? … 책과 종이는 어떤 뉴스를 전달하기 위한 것인가? 철도는 누구에게, 어디로 가기 위한 것인가? 수많은 사람들은 함께 떼를 지어서 어떤 거대한 권력에 종속되어 있다. 무엇을 성취하기 위해서 그렇게 하

60 TSS, p. 212.

는가? 병원, 의사, 진료소는 생명을 연장시키기 위해 존재한다. 무슨 목적을 위해서인가? 나라 전체는 물론 개인까지도 얼마나 쉽게, 이른바 문명이라고 부르는 것을 참다운 문명(true civilization)으로서 향유하고 있는지 모르겠다.[61]

그리하여 톨스토이는 국가는 물론이고 개인조차도 문명에는 관심이 많지만, 진정한 계몽(true enlightenment)에는 관심이 없음을 강조한다. 문명에 대해서는 쉽게 인정할 수 있지만, 참된 계몽에는 힘겨운 노력이 필요하며, 그 계몽이 문명의 거짓됨을 들추어내기 때문에, 대중으로부터 경멸과 혐오를 받게 된다는 것이다.

'시민불복종' 이론으로 유명한 소로(Henry David Thoreau, 1817-1862)는 그의 『원칙 없는 인생(*Life without Principle*)』(1861)이라는 글에서 다음과 같은 주장을 했다.

우리의 삶을 살아가는 방법에 대해 생각해 보자. 이 세계는 일종

---

61 TSS, p. 213.

의 사업장으로 전락되었다. 얼마나 분주하게 지내고 있는가! 나
는 거의 매일 밤 기관차의 요란한 소리로 인해 깨어 지내고 있
다. 꿈도 제대로 꾸지 못하고 있다. 휴식이라곤 존재하지 않는
다. 한 번이라도 인간들이 휴식을 취하는 것을 볼 수 있다면 영광
이겠다. 오직 일, 일, 일뿐이다. … 사람들은 거의 돈 몇 푼에 지
배받고 살고 있다. … 나는 이렇듯 쉴 사이 없이 진행되는 사업보
다 더 확실히 존재하는 것은 없다고 생각한다. 그것이 범죄가 되
었든, 시(詩)나 철학, 심지어는 삶 자체에 반하는 것이든 간에 말
이다.[62]

프롬은 19세기 자본주의 문화를 가장 잘 꿰뚫어서 파악한 진
단 중의 하나는 프랑스의 사회학자 뒤르켐(Émile Durkheim)의 학
설이라고 강조한다. 뒤르켐은 현대 산업사회 안에서 개인이나
집단이 만족스러운 기능을 제대로 발휘하지 못하고 있음을 지
적했다. 즉 그들은 일종의 '아노미(anomie)' 상태, 즉 의미 있고
체계화된 사회생활을 누리며 살지 못하고, 개인은 점점 더 "휴

---

62 TSS, p. 214.

식 없는 활동, 무계획적 자기발전, 가치기준 없는 목적 상실의 삶을 살고 있다"고 비판한다. 그는 인간의 야망은 온 세계 사람들을 자신의 고객으로 만들 것처럼 끝이 없었으나, 그러한 '끊임없는 추구의 허무함'을 지닌 채 혐오감에 휩싸여 있다고 보았다.

뒤르켐의 주장에 따르면, 프랑스혁명 이후 진정한 사회질서는 사라지고, 정치적 국가(political state)가 등장하였고, 국가만이 유일하게 사회적 성격을 지닌 집단을 조직할 수 있는 주체로 나타나게 되었다는 것이다. 그리하여 진정한 사회적 유대관계에서 떨어져 나간 개인은, 자기 자신을 버려진 존재, 소외된 존재, 의기소침한 존재로 파악하게 되었다. 사회라고 하는 것은 '뿔뿔이 흩어진 먼지와 같은 개인들의 집합체'에 불과한 것이 되어버렸다.

2. 20세기

20세기 사회의 정신적 병폐에 대한 비평과 진단은 19세기 때와 아주 유사한 면이 있다. 특히 눈여겨볼 것은 철학적, 정치적으로 다른 관점을 갖고 있는 사람들로부터 비슷한 진단이 나오고 있다는 점이다.

프롬은 먼저 영국의 사회주의자 토니(Richard Henry Tawney, 1880-1962)의 견해를 다루고 있다. 토니의 고전적 작품인 『탐욕의 사회(*The Acquisitive Society*)』는 원래 제목이 『탐욕 사회의 병폐(*The Sickness of an Acquisitive Society*)』였는바, 그는 자본주의적 사회의 기본 원리는 '물질이 인간을 지배함'에 있다고 보았다. 그리하여 다음과 같이 말하고 있다.

 … 심지어 분별 있는 사람조차도 자본이 노동을 〈고용하고 있다〉는 사실에 설득되고 있다. 우리의 이교도적인 조상조차도 그들 시대에 신격화시켰던 나무나 철 덩어리가 그들에게 농작물을 보내주었으며, 그들을 전투에서 승리하도록 했다고 믿었다.[63]

토니는 현대사회의 위기를 벗어날 수 있는 유일한 방법으로서, '도덕적 가치의 변화'를 요청하였다.

---

[63] TSS, p. 218.

산업사회는 재산을 획득할 수 있는 과열된 집착 안에서, 재산을 획득하는 데 있어서 가치 있다고 여겨지는 바로 그 대상을 무시하고 있다. … 그 사회는, 그 독이 제거되지 않는 한, 그 사회에 영향을 주었던 특정한 산업의 여러 문제를 풀지 못할 것이다. 그리고 독이 제거된 뒤에야 올바른 시각으로 산업 자체를 보게 됨을 깨닫게 된다. 만일 그렇게 하려면, 그 사회의 가치체계를 재정비해야 할 것이다. 즉 경제적 이득을 삶의 전체로서가 아니라, 삶의 한 부분으로 간주해야만 한다. … 경제 활동의 수단적 특성이 사회적 목적에 대한 부수적인 것으로 강조되도록 산업은 조직돼야 한다.[64]

프롬은 미국의 산업문명에 관한 저술로 저명한 산업심리학자 엘튼 메이요(George Elton Mayo)의 몇 가지 주장에 귀를 기울이고 있다. 메이요는 사회조직의 해체 및 그 결과로서의 '아노미' 문제는 유럽보다 미국이 훨씬 심각함을 경고하면서 이 문제는 전 세계와 관련된 사회발전 과정에서의 문제임을 강조한다.

---

64 TSS, pp. 218-219.

우리의 실제 삶에 있어서, 우리는 경제 발전이라는 목표를 위해서 광범위한 사회적 붕괴 안으로 우리를 이끌어 가도록 무심결에 인정하고 있다. … 사람이 하는 노동은 사회에서 그의 가장 중요한 역할을 반영하는 것이지만, 그의 삶에 대한 어떤 전체적 사회의 배경이 존재하지 않는 한, 그는 그의 노동에 대해 어떤 가치도 부여할 수 없다. 19세기 프랑스에서 뒤르켐이 발견한 것이 20세기 미국에 응용될지 모른다.[65]

따라서 이러한 아노미 현상은 결국 사회적 유기체가 회복되든지 소멸하든지 간에 어떤 적절한 해결책도 제시하지 못하고 막연히 기다려야만 하는 비참한 상황에 몰리게 되었다고 메이요는 지적하고 있다.

프롬은 현대 사회 문제에 대해 깊이 있게 탐구한 또 하나의 학자로 타넨바움(Frank Tannenbaum)을 들고 있다. 사회학자인 토니는 노동자의 직접 참여와 같은 사회주의적 주장을 하고 있지만, 그와는 대조적으로 타넨바움은 '노동조합(the trade union)'

65 TSS, p. 219.

의 핵심적 역할을 강조한다. 그는 자신의 저서 『노동의 철학 (*Philosophy of Labor*)』에서 다음과 같이 말하고 있다.

지난 세기에 저질러졌던 주요 잘못은 전체 사회가 경제적 동기, 경제적 이윤 위에 조직될 수 있다는 가정에 있었다. 노동조합은 그러한 생각이 잘못된 것이라는 것을 입증한 바 있다. 인간이 빵만으로는 살아갈 수 없다는 사실을 다시 증명하였다. 왜냐하면 기업체는 빵과 케이크만을 제공할 뿐이지, 좋은 삶에 대한 요구에 부합될 수는 없기 때문이다. ⋯ 기업체가 생존하기 위하여 단순히 경제적 역할만이 아니라, 세상에서의 도덕적 역할을 감당해야만 한다. 노동조합은 현대의 산업체계는 물론 우리 민주사회의 가치를 보존할 수 있는 아마 가장 유용한 방법일 것이다. 어떤 면에 있어서, 기업체와 노동조합은 하나의 집단으로 협력해야만 하며, 분리되어서 서로 전쟁을 치르고 있는 것과 같은 장면을 멈추어야 한다.[66]

---

[66] TSS, pp. 221-222.

현대의 대표적 문명 평론가 가운데 한 사람인 루이스 멈포드 (Lewis Mumford)와 의견을 같이하는 프롬은 그의 글을 다음과 같이 인용하고 있다.

현대문명에 대해서 우리가 가할 수 있는 가장 치명적인 비판은 인간이 만든 위기와 재앙은 제쳐두고라도, 그것이 인간적으로 흥미롭지 않다는 것이다. … 결국 그러한 문명은 오직 대중만을 생산해 낼 뿐이다. 무엇을 선택하지도 못하고, 자발적이거나 스스로 행동할 줄 모르는 그런 종류의 인간들만 만들 뿐이다. 그들은 거의 무기력한 지경에 빠져서 기껏해야 참을성 많고, 고분고분하고, 단순 노동에 길들여져 있는 그런 존재들이다. 그들은 자신들이 선택한 것이 점점 줄어듦에 따라 점점 더 무책임해질 뿐이다.[67]

이런 유형의 사람에 대한 멋진 찬사는 "그들은 말썽을 피우지 않아"라는 말이며, 그들에 대한 최고의 덕목은 "걔네들은 목이

---

67 TSS, p. 222.

뻣뻣하지 않아"라는 말이다. 이러한 사회에서는 궁극적으로 두 종류의 인간을 배출한다. 즉 조건을 제시하는 자와 조건을 수용하는 자, 다시 말해 능동적 야만인과 수동적 야만인이 그것이다.

프롬은 자본주의에 대해 확고부동한 지지자이며, 상당히 보수적 성향의 학자인 헤론(A. R. Heron)의 입장을 몇 가지 글에서 인용하고 있다. 헤론은 『인간은 왜 일하는가?(*Why Men Work?*)』라는 저서에서 다음과 같이 말하고 있다.

> 많은 수의 노동자가 권태와 무력감, 좌절로 인해서 집단 자살을 시도한다는 것을 그려보는 것은 환상에 불과하다. 그러나 그러한 그림의 환상적 본질은, 우리가 자살의 개념을 신체의 물리적 생명에 대한 살해 이상의 것으로 확대시켰을 때 사라지고 만다. 사유, 야망, 자부심, 인간적 성취 등이 사라진 삶에 그 자신을 내맡긴 인간은, 인간적 삶을 이루는 특징적 요소들을 죽여 버린 상태로 자신을 이끌어 가는 것이다.[68]

---

[68] TSS, p. 223.

프롬은 이러한 사회과학자들의 의견만이 아닌, 다른 분야의 대표적 위인들의 입장도 고려하고 있다. 예를 들어 헉슬리(Aldous Huxley, 1894-1963), 슈바이처(Albert Schweitzer, 1875-1965), 아인슈타인(Albert Einstein, 1879-1955)과 같은 사람들의 의견에도 관심을 두었다.

20세기 자본주의에 대한 헉슬리의 고발은 그의 저명한 저술인 『멋진 신세계(*Brave New World*)』에 담겨 있다. 1931년도에 나온 그의 획기적인 소설 안에서, 그는 완전히 비정상적인 자동 기계화된 세계에 대해 서술하고 있는데, 그 내용이 몇몇 세밀한 부분을 제외하고는 1954년의 현실과 아주 유사하다고 프롬은 주장한다. 먼저 헉슬리의 말을 들어보자.

우리는 우리 선조들이 마그데부르크(Magdeburg)에서 배웠듯이 히로시마로부터 충분히 배울 수 있을 것이다. 우리는 한 시대에 대해 기대를 해야 할지 모른다. 평화가 아니라, 한정적이고 부분적인 파괴적 전쟁의 시대를 말이다. … 기존의 모든 인간의 삶의 형태는 붕괴될 것이고, 새로운 삶의 형태는 원자력의 비인간적 사실과 더불어 그것에 순응해야 할 것이다. 현대판 프로크루스테

스(Procrustes)[69]인 핵과학자들은 인류가 누워야 할 침대를 준비해야 할 것이다.[70]

기술의 급진적인 변화는 경제적, 사회적 혼란을 불러일으키며, 이러한 혼란을 처리하기 위해 국가 권력은 더욱더 중앙집권화되었고, 정권적 통제는 더 강화되었다. 헉슬리는 지방자치제와 자립을 위한 대규모의 대중 운동(large-scale popular movement)만이 당시의 국수주의적(國粹主義的) 대세를 저지할 수 있지만, 실제에 있어 그러한 운동이 일어날 기미조차 보이지 않는다고 한탄하고 있다.

물론 새로운 전체주의가 과거의 것을 닮아야 할 이유는 존재하지 않는다. 곤봉과 사형 집행대, 인위적 기아 상태, 집단 투옥, 집단 추방 등을 감행하는 정부는 단순히 비인간적인 것만이 아니다. 현재 어느 누구도 그것에 대해 크게 신경 쓰고 있지 않지만, 그

---

69 그리스 신화에 나오는 악당. 자기 집에 들어온 손님을 침대에 눕히고 침대보다 키가 크면 다리나 머리를 자르고, 작으면 사지를 잡아 늘려서 죽임.

70 TSS, pp. 224-225.

정부는 명백히 비능률적 정부인 것이다. 그리고 진보된 과학 기술시대에 있어 비능률성이라고 하는 것은 성령에 대한 죄인 것이다. 하나의 진정한 효율적 전체주의 국가는 막강한 힘을 가진 정치 지도자들과 노예가 된 국민을 다스릴 수 있는 관리계층이 하나가 되어야 한다. 그 국민들은 예속된 노예 상태를 좋아하기 때문에 그들을 강제로 노예화시킬 필요는 없다. 오늘날 전체주의 국가에서는 홍보 장관이나 신문편집인, 학교 교사들이 국민들이 노예상태를 좋아하도록 그 역할을 담당하고 있는 실정이다.[71]

결국 오늘날[72] 우리는 두 가지 선택지 가운데 하나를 선택해야 한다고 헉슬리는 말한다. 원자폭탄이라는 테러를 근거로 해서 결과적으로 문명을 파멸시킬 국수주의적, 군국주의적 독재주의를 선택하든지, 아니면 급속한 과학기술 혁명으로 인한 사회적 혼돈을 지닌 채 능률과 사회적 안정을 위하여, 복지-독재 정치(welfare-tyranny)로 발전하는 초국가적 전체주의(supra-national

---

71 TSS, pp. 225-226.
72 물론 헉슬리가 활발히 활동하던 1950년대를 의미한다.

totalitarianism)를 선택해야 한다고 제안한다.[73]

그렇다면 서구 문화의 도덕적 상징처럼 여겨지는 알버트 슈바이처는 현대문명에 대해서 어떻게 말하고 있을까? 그는 다음과 같이 말하고 있다.

오늘날 인류는 정신이 인간에게 요구하는 것과 시대가 불가능한 것처럼 여기는 것을 감당해 낼 힘을 지니고 있을까? 수많은 방법으로 그들의 권력을 갖고 있는 과도하게 조직된 사회 내에서, 인간은 어떻든 다시 한번 독립적 개체가 되어야 하며, 그 사회에 영향력을 행사해야 한다. 그 사회들은 인간을 그 사회에 맞는 비인간적 존재 조건 안에 붙잡아두기 위해 온갖 수단을 쓸 것이다. 그 사회는 개성을 두려워한다. 왜냐하면 그들이 틀어막고 싶어 하는 정신과 진리는, 인간 개성 안에서 자신을 표현하고자 하는 수단을 발견하기 때문이다. 그 사회의 권력은 불행하게도 그 사회가 지니고 있는 두려움만큼 엄청나게 막강한 것이다.[74]

---

73 A. Huxley, *Brave New World*(The Vanguard Library, London, 1952), p. 11, p. 15 참조.
74 TSS, pp. 229-230.

슈바이처는 인간 정신이 처리해야 할 과제가 너무나 막중하다는 것을 인식하면서, 선전꾼들의 선동만이 난무하고 있는 오늘날의 상황에서 참다운 진실을 분별해 내는 힘을 키워야 한다고 주장한다. 그래서 천박한 애국심을 몰아내고, 인류 전체의 복지를 지향하는 고결한 애국심을 왕위 자리에 앉혀야 한다고 말한다. 안타깝게도 개개의 국가 문명이 우상처럼 숭배되어 공동의 문명이 지닌 '인류애'라는 개념이 산산조각났다고 우려한다.

모든 장애물이 문명으로 가는 의지의 길목에 놓여 있다. 암울한 절망감이 우리 주변을 맴돌고 있다. 저항할 수 없는 사태 앞에 놓여 있던 그리스-로마시대의 퇴폐적 인간을 우리는 잘 이해하고 있지 않은가. 그리고 그들은 세계를 그 운명에 맡긴 채, 그 내면적 자기 자신 속으로 도피해 있었다. 그들과 마찬가지로, 우리는 우리의 삶의 경험으로 인해 혼란에 쌓여 있다. 우리가 삶을 견딜 수 있는 한 가지 방법은 매일매일 그럭저럭 살아가는 것뿐이라고 하는 유혹적인 목소리에 우리는 귀를 기울이고 있다. 우리들은 우리의 운명을 초월하는 어떤 것을 생각하거나, 바랄 수 있는

모든 소원을 접어야만 한다. 우리는 체념 안에서 평안을 찾아야
한다.[75]

물리학자 아인슈타인은 그의 짧은 글 〈"왜 사회주의인
가?"(Why Socialism?)〉에서 다음과 같이 말하고 있다.

나는 내가 간단하게 지적했던 그 지점에 이제 도달하게 되었다.
즉 내게 있어 우리 시대의 위기의 본질을 구성하고 있는 그 사실
말이다. 그것은 바로 개인과 사회의 관계에 관련된 것이다. 개인
은 과거 사회에 대한 그들의 의존보다 더 크게 사회에 대한 의존
을 의식하게 되었다. 그러나 이러한 의존을 긍정적 자산, 유기적
유대관계, 보호세력 등으로 경험하는 것이 아니라, 그 자신의 자
연권에 대한, 심지어는 경제적 생존에 대한 위협으로 경험하게
되었다.
더욱이 사회 내에서의 인간의 위치는, 그의 이기적 본능을 끊임
없이 강화시켰다. 반면 인간의 사회적 본능은 자연적으로 점점

75 TSS, p. 231.

더 약해지고, 갈수록 약화되었다. 모든 인간은 사회 내에서 그들의 위치가 무엇이건 간에 약화의 과정 안에서 고통을 겪고 있다. … 불안정하고 소외된 이기주의라는 죄수는 인생에 대한 그들의 … 즐거움을 빼앗아가고 있다. 인간은 짧지만 위험천만한 인생의 의미를 발견할 수 있을 것인데, 오직 그 자신이 사회에 헌신했을 때에만 가능한 것이다.[76]

---

[76] TSS, p. 232.

제7장
여러 가지 해답

19세기에 있어, 혜안을 지녔던 사람들은 서구 사회가 지닌 그 럴싸한 겉모습과 물질적 풍요로움, 정치적 권력 뒤에 숨겨진 '부패와 비인간화'의 과정을 간파할 수 있었다. 그들 중 일부는 야만주의에서 벗어날 수 없음을 주장했고, 또 다른 사람들은 그 외의 다른 선택에 대해 언급하기도 했다.

사회에 대한 상대주의자들은 사회가 자신의 기능을 발휘하는 한 그 사회는 건강하고 좋은 사회라고 보았으며, 각 개인이 그러한 사회에 잘 적응하는 한 건강한 개인이라고 보았지만, 이미 앞에서 살펴보았듯이 많은 사상가는 인간을 본질적으로 종교적이며, 도덕적인 존재로 이해하고 있었다. 인간은 목적으로 대해야 하며, 절대로 수단으로 이용되어서는 안 된다. 즉 물질적 생산이 인간을 위해 있는 것이지, 인간이 물질적 생산을 위해 존재하는 것이 아니라는 점을 프롬은 다시 강조한다.

인생의 목적은 자신의 창조적 능력을 발휘하는 데 있다. 역사의 목적은 사회를 정의와 진리로 다스려지게끔 변화시키는 데 있다. 이러한 것들은 명쾌하든지 그렇지 않든지 간에 현대 자본주의에 대한 모든 비판의 기초를 이루는 원리들이다.[77]

서양 역사의 발전과정을 크게 살펴볼 때, 그리스적 역사관에 있어서 역사란 어떤 목적이나 목표, 최종점을 지니고 있지 않다고 보고 있는 데 비해, 유대-기독교적 역사관에서 역사의 내재적 의미는 바로 '인간의 구원'이라는 점을 발견할 수 있다. 그러한 궁극적 구원의 상징이 바로 '구세주(Messiah)'이며, 〈역사 자체가 바로 구세주 자신의 역사〉인 것이다. 프롬은 이러한 유대-기독교적 역사의 궁극적 목표, 인류 종말의 날(eschaton)에 대

---

[77] TSS, p. 233.

한 개념을 크게 두 가지로 나누어서 이해하고 있다. 하나는 아담과 이브에 관한 성경적 신화를 구원의 개념과 연결시키는 것이고, 다른 하나는 아담이 저지른 불복종의 결과로 만들어진 원죄의 타락으로부터 인간 스스로의 힘으로는 도저히 벗어날 수 없다는 것이다.

첫 번째 내용을 풀이하면 하나님에 대해 불복종했던 인간의 행위는 최초로 '자유를 행사'한 행위이며, 이것으로 인해서 인간은 낙원에서 쫓겨나 스스로 자립해야만 했다. 그는 연약하였고, 이성도 미약한 상태였다. 역사의 목표는 그토록 약한 인간의 완전한 탄생이요, 진정한 **인간의 완성**이라 하겠다. 그럴 때 모든 민족은 하나의 공동체를 이룰 것이며, 모든 칼들은 쟁기로 바뀔 것이다. 인류 최후의 날이 도래할 때 새로운 조화, 새로운 평화가 이루어지고 아담과 이브에 대해 내려졌던 저주는 인간 자신이 펼치는 역사의 과정 안에서 폐지되고 말 것이다.

두 번째 구원에 대한 메시아적 개념을 보면 오직 '하나님만의 은총'으로 인해서 인간은 구원받을 수 있게 된다. 하나님은 인간으로 태어난 '예수 그리스도'를 통해 그 분의 십자가의 희생적 죽음으로 인간을 구원한다는 것이다. 인간은 교회의 성찬식을 통해 이러한 구원의 참여자가 되며, 그러할 때 하나님의 은 총이라는 선물을 받게 된다. 역사의 종말은 그리스도가 재림(再臨, second coming of Christ)할 때 이루어지는데, 그러한 재림은 초자연적인 것이며, 어떤 역사적 사건이 아니라는 것이다.

프랑스의 철학자이자 수학자인 꽁도르세(Nicolas Marquis de Condorcet, 1743-1794)는 그의 저서 『인간정신 진보의 역사에 대한 초고(Esquisse d'un tableau historique des progrès de l'esprit humain)』(1793)에서 인류의 궁극적 완성에 대한 믿음의 기초를 세운 바 있다. 즉 인류 완성의 단계에서, 무제한적 이성과 행복이 주어지는 새로운 시대가 탄생할 것이라고 예견했다. 그때 비로소 메시아의 왕국이 도래한다는 것이다. 이러한 그의 선포는 생시몽(Henri de Saint-Simon), 콩트(Auguste Comte), 프루동(Pierre-Joseph Proudhon) 등에게 영향을 주었다.

독일의 계몽철학에서도 구원에 대한 신학적 견해가 세속적 언어로 변모되는 상황이 전개되었다. 극작가 겸 예술비평가였던 레싱(Gotthold Lessing)은 인류의 미래는 〈교육〉을 통해 이성과 자기실현이 극대화되는 시대가 될 것이며, 마침내 기독교적 계시의 약속이 이루어질 것이라고 믿었다. 피히테(Johann Gottlieb

Fichte)는 정신적 지복천년의 시대가 도래할 것을 믿었으며, 헤겔(Georg Hegel)은 '하나님의 나라가 인류의 역사 안에서' 마침내 이루어진다고 믿었다. 그는 기독교 신학을 현세적 철학으로 재해석했다.

헤겔 철학의 가장 의미 있는 역사적 계승은 칼 마르크스의 사상에서 이루어졌다. 마르크스의 사상은 어떤 다른 계몽주의 철학보다도 〈더 세속적인 언어로 이루어진 구세주적 종교〉의 모습을 띠고 있다.

마르크스에 따르면, '인류의 역사가 자기 소외의 역사'인 한, 과거의 모든 역사는 선사(先史) 시대(prehistory)에 불과하다는 것이다. 그는 사회주의와 더불어 인간 역사의 영역 안에 인간의 자유가 들어오게 되었다고 본다. 정의, 인류애, 이성을 갖춘 계급소멸의 사회는, 이전의 모든 역사가 지향해 온 모습으로서, 신세계의 출범을 알리는 것이라고 그는 주장했다.

1. 권위주의적 우상숭배

파시즘, 나치즘, 스탈린주의는 원자화된 각 개인에게 '새로운 피난처'와 안전함을 제공해 주었다는 공통점이 있다. 이러한 체제는 소외의 극한을 보여주고 있다. 그래서 프롬은 다음과 같이 말한다.

개인은 무기력과 무의미함을 느끼게 되고, 그의 모든 인간적 힘은 그가 복종하고, 숭배해야만 할 통치자, 국가, 조국의 틀 안에 맞추도록 교육되었다. 그는 자유를 떠나 새로운 우상숭배로 도피한 것이다.⋯ 새로운 체제는 그들의 프로그램과 그들의 통치자 모두에 대해 가장 명백한 거짓말 위에 건설되었다.[78]

그러한 프로그램 안에서 그들은 몇 가지 종류의 사회주의를 실현시켰다고 주장하였지만, 실제로 그들이 행했던 것은 사회주의의 전통에서 그 말이 의미하는 모든 것을 부정하는 것이었다. 그런 지도자들이 지니고 있는 특징은 엄청난 '거짓말을 날조'해 내는 것뿐이었다. 겁쟁이면서 허풍만 떨었던 무솔리니는 남자답고 용감한 사람의 상징처럼 부각되었고, 파괴의 미치광

78 TSS, p. 237.

이었던 히틀러는 새로운 독일 제국의 건립자로 숭배되었다. 냉혈한이자 야망 넘치는 모사꾼이었던 스탈린은 그의 백성을 사랑하는 어버이로 포장되었다.

프롬에 의하면, 파시즘은 압박이 가중된 이탈리아의 경제, 사회 문제 해결에 대한 진지한 시도가 없었기 때문에 모든 실제 목표에 도달할 수 없었는 데 비해, 나치즘은 1차세계대전 뒤의 독일 내 경제 상황으로 인해서 오히려 자본주의 세력의 지지를 받을 수 있었다고 본다. 러시아의 경우는 독일과는 완전히 반대인 상황이어서 러시아의 전제 왕정이 갑자기 몰락한 뒤, 정치적 공백을 맞이했을 때, 레닌은 의회를 해체하고 반봉건주의적 국면에서 곧바로 공업화된 사회주의 체제로의 비약을 희망했다. 그러나 프롬이 보기에 레닌의 정책은 그 시대의 산물이 아니라, 러시아 혁명이 일어나기 훨씬 전부터 그가 품고 있었던 정치사상의 논리적 귀결이라고 본다. 레닌도 마르크스처럼 노동자계급이 사회를 해방시킬 역사적 사명을 지닌다고 믿었지만, 그 노동자계급이 위의 목표를 자율적으로 이루어낼 의지와 능력을 가지고 있지 않다고 보았다.

그와 같은 레닌의 태도에 대해 프롬은 그가 근본적으로 〈인

간을 신뢰하지 않았기 때문에〉 노동자와 농민에 대한 신뢰를
갖지 않았다고 지적한다. 그러면서 오히려 진정한 진보운동은
인간에 대한 믿음이 필요함을 재삼 강조한다. 그래서 프롬은
다음과 같이 말한다.

인간에 대한 신뢰는 전 역사를 통해 모든 순수한 진보운동의 바
탕을 이루고 있다. 그것이야말로 민주주의와 사회주의의 가장
본질적인 조건이다. 〈인간〉에 대한 신뢰(faith in man) 없는 〈인류〉
에 대한 신뢰(faith in mankind)는 믿을 수 없으며, 설령 믿는다고 해
도 종교재판이나 로베스피에르[79]의 테러, 레닌의 독재 정치와 같
은 결과를 낳을 뿐이다.[80]

2. 초자본주의(超資本主義, Super-Capitalism)

현대산업이 야기시킨 문제점을 해결하는 데 있어서, 위의

---

79 프랑스 대혁명 당시 급진파의 지도자로 공포정치를 펼침. 루이 16세를 비롯해 반대
파 수백 명을 단두대에 올렸으나 본인 스스로도 반격을 당하고 처형에 이르게 됨.
80 TSS, p. 239.

주장과는 정반대되는 입장이 일군의 미국과 프랑스의 기업가들에게서 나왔다. '이윤분배 기업 위원회(Council of Profit Sharing Industries)'라는 이름으로 결합한 이들 집단의 철학은 과거 38년 동안 링컨 전기회사의 대표이사였던 제임스 링컨(James F. Lincoln)이 쓴 『동기유발 경영(Incentive Management)』이란 책에 아주 명쾌하게 잘 나와 있다.

링컨에 의하면, 기업가는 '기계에만 정신을 집중하고 인간을 무시한' 나머지, 그 기계의 생산자요 개발자인 인간의 잠재력을 무시하고 있다고 주장한다. 그러면서 링컨은 기업체계에 있어서 이윤동기가 만연해 있음을 비판하고 있다. 즉 회사 정관에 나와 있는 기업 경영의 목적이 오직 이윤만을 추구하는 것에 머물러 있다는 것이다. 그리고 그 이윤을 가져가는 사람은 주식 소유자 외에 다른 사람은 없으며, 일반적으로 그 회사의 노동자들은 거의 주식을 소유하지 못한다. 그리고 이러한 사실이 실상인 이상, 이윤 추구라는 목표는 노동자들의 열정을 불러일으킬 수 없다는 것이다. 그러나 링컨은 자본주의를 비판하는 사회주의자들의 사상과는 아주 다르게 개인의 발전은 '치열한 삶의 생존경쟁' 아래에서만 이루어질 수 있다고 확신한다. 선을 위하든 악을 위하든 간에 오늘날의 인류를 만든 근본 동력은 바로 인간의 이기심(selfishness)이며, 인류가 발전하려면 그러한 동력에 의존해야만 하고, 또 그것을 올바른 방향으로 인도해야 한다고 주장한다.

링컨은 인간의 이기심을 '어리석은(stupid) 이기심'과 '현명한(intelligent) 이기심'으로 나누어 구분한다. 전자의 이기심은 남의 것을 훔치는 이기심이요, 후자의 이기심은 완벽함을 위해 서로 경쟁하게 하는 이기심이다. 그리고 현명한 이기심만이 인간을 번영으로 이끄는 것이다. 그는 인간이 노동하게끔 이끄는 근로 동기는 단순히 〈돈〉이 아니라고 강조한다. 노동의 실제 동기는 그것보다 노동자 본인과 주변 동료들의 '능력 인정함'에서 비롯된다고 본다. 그래서 근로자가 행한 모든 업적에 대해서는 보상을 받고, 자신이 남보다 성과를 내지 못했을 때는 징계를 받는 산업체를 건설해야 한다고 역설했다.

어떤 사람을 평가할 때, 마치 국가 대표선수를 뽑는 것처럼 그의 업적을 정확히 파악하여, 그 회사에 대한 기여도에 따라 보상을 결정해야 한다. 상여금 지불 계획도 마찬가지로 그러한 과정 안에서 이루어져야 한다. 좀 더 구체적인 링컨의 계획을 들어보자.

> 사원은 일 년에 세 번 평가받는다. 이런 평가의 총합은 그의 상
> 여금과 승진을 결정짓는다. 그런 평가가 주어질 때, 각 사원은 왜
> 그런 평가를 받았으며, 어떻게 해야 개선될 수 있는지 등 알고 싶
> 어 하는 것에 대해, 책임 있는 회사 중역으로부터 아주 상세하게
> 답변을 들을 수 있어야 한다.[81]

결국 동기유발 중심의 경영체제에 포함된 원리는 어떤 면에
서 보면 전통적 자본주의와는 완전히 다르다고 할 수 있다. 근
로자의 임금은 자신의 노동에 대한 노력이나 성과와 별개의 것
이 아니라, 그것과 연관돼야 한다. 근로자는 회사의 이윤을 증
대시키는 데 직접 관여하지만, 주식 소유자들은 그 회사의 이
익 증진에 직접적 연관 없이 일정한 수입을 가져갈 뿐이다.

한마디로 말해서 스포츠팀 안팎에서 서로 간의 경쟁을 통해
좋은 결과를 만들어 내듯이 회사에서나 공장에서 서로 치열한

---

81 TSS, p. 243.

경쟁을 벌임으로써 '경쟁적 협동정신'으로 성과를 창출해 내는 방법이다. 이러한 제도는 경영자는 물론 근로자나 회사원 모두가 소규모 자본가가 될 수 있도록 돕는 장치이다.

그러나 근로자의 상여금, 주식 배당금은 물론 근로 업적에 대한 평가까지 모든 것들은 경영진에 의해 독단적으로 결정된다. 핵심적인 원리는 '이윤의 분배(sharing of profits)'이지, '일의 분배(sharing of work)'가 아니다. 그렇지만 이러한 이론은 근로자로 하여금 자신도 한 사람의 자본가이며, 이와 같은 체제에 대해 적극적으로 참여하고 있음을 느끼게 해줌으로써, 근로자가 갖고 있는 불만족을 어느 정도 해소시켜줄 수 있다는 의미를 지니고 있다.

3. 사회주의

파시즘이나 스탈린주의식 독재주의, '동기유발 경영' 방식의 초자본주의 이외에 자본주의에 대한 커다란 반작용과 그것에 대한 비판으로 등장한 것이 '사회주의' 이론(socialist theory)이다. 이 제3의 비판은 정치적, 사회적으로 실제 세력화된 파시즘이나 스탈린주의와는 대조적으로 이론적인 시각을 그 본질로 한다. 사회주의 정부가 영국과 스칸디나비아 반도의 여러 나라를 통치할 때도 있었지만, 그 세력이 크지 않았기 때문에 그리 큰 성공은 거두지 못했다고 프롬은 보고 있다.

특히 프롬이 본 저서를 집필할 때 '사회주의'나 '마르크스주의'라는 개념에 대해 많은 사람이 상당히 감정적인 비난을 가했기 때문에 진지한 분위기에서 고찰하기가 쉽지 않다는 고백을 하고 있다. 즉 많은 사람들이 위의 말을 들으면, 그것들이 '유물론', '무신론', '유혈사태' 등등을 떠올리기 때문에 이 개념들은 나쁘고 악하다는 선입견을 갖기 쉽다는 것이다.

프롬의 말에 의하면 사회주의나 마르크스주의라는 말에 신경질적인 발작을 일으키는 사람들은 실제로 그런 사상과 관련된 서적들을 제대로 읽지 않았거나, 읽었다해도 피상적인 지식밖에 없다고 비판한다. 그는 많은 자유주의자들이 마르크스주의가 물질적 충족을 촉구하는 것을 주목적으로 하는 사상으로 오해하고 있다고 말한다. 그의 말을 들어보자.

만약 우리가 자본주의를 지지하는 주요 논증이 '물질적 획득 안에서의 이익은 노동의 주된 동기'라고 하는 생각을 떠올릴 수 있다면, 사회주의에 원인이 있다고 보이는 바로 그 유물론이, 사실은 자본주의의 가장 대표적인 특성임을 알 수 있다.

그리고 어느 누가 객관적으로 사회주의 저술가를 연구하는 데 약간의 어려움을 겪고 있다면, 그는 사회주의자들의 성향이 완전히 반대라는 것을 발견하게 된다. 즉 그들은 '자본주의가 지니고 있는 유물론'을 비판하고 있는 것이다. 왜냐하면 자본주의적 유물론은 인간에 내재해 있는 진정한 인간적 힘에 대해 심각한 손상을 주기 때문이다.[82]

그리하여 프롬에 따르면, 자본주의가 '유물론'에 의하여 참다운 인간성을 병들게 하고 있다는 사실을 깨달아야 한다고 강조한다. 그는 사회주의의 모든 학파야말로 자신의 시대에 가장 의미 있고 이상적인 도덕운동의 하나로 이해해야 한다고 주장한다.

문제는 히틀러가 자신의 인종적 민족주의 사상을 더 크게 부

---

[82] TSS, p. 247.

각시키기 위해 '사회주의'란 용어를 사용했던 것처럼[83] 스탈린도 자신의 정치적 선동을 위해 사회주의 및 마르크스주의라는 용어를 **악용**했다는 데 있다. 스탈린의 주장은 가장 본질적인 면에서 잘못을 저지르고 있는데, 그는 사회주의 이론 가운데 경제적 측면, 즉 생산수단의 사회화라는 측면을 사회주의 전체 개념으로부터 완전히 분리시키는 바람에, 사회주의가 지니고 있는 인간적이고, 사회적인 목표를 그 반대의 것으로 만들고 말았다. 스탈린주의적 독재체제는 생산수단을 국유화했음에도 불구하고, 사회주의 사회라고 생각할 수 있는 어떤 사회라기보다, 〈완전히 착취형태를 지녔던 초기 자본주의에 더 가까운 모습〉이 되고 말았다.

산업발전에 대한 강박적 갈망, 국민 개인에 대한 잔혹한 무시, 개인의 독재적 탐욕이 스탈린주의의 주된 원천이었다. 서구 사회주의자들은 스탈린주의가 사회주의와 마르크스주의와 어느 정도 비슷한 점이 있다는 이유로, 그 오류를 지적하기보

---

83 Nazi의 원이름은 '국가사회주의 독일노동당(Nationalsozialistische Deutsche Arbeiterpartei)' 이다.

다 오히려 그들의 선전선동을 확인시켜주는 잘못을 저지르고 있다고 프롬은 비판한다. 특히 유럽과 아시아 지역에서 이 문제는 아주 심각하다는 것이다. 따라서 스탈린주의를 옹호해 줄 것이 아니라, 그 기만성을 만천하에 드러내야 한다고 프롬은 주장한다.

사회주의 사상은 18세기 말부터 발전하기 시작했는데, 프롬은 너무 다양한 사회주의 사상 학파들의 논쟁으로 인해서 오히려 그들이 지니고 있는 공통점을 쉽게 파악할 수 없게 되었다고 지적하고 있다.

프롬에 의하면 프랑스 혁명 이후, 사회주의를 일종의 정치 운동으로서 사회 법칙을 밝혀내고, 사회 병폐에 대한 진단을 내리는 이론으로서 처음으로 출발시킨 사람은 바로 바뵈프(Gracchus Babeuf)이다. 그는 토지에 대한 사유재산제도를 폐지할 것을 주장했으며, 토지산물에 대한 공동소비, 빈부 계급 및 통치자와 피지배자 간의 차별 철폐를 주장하고 나섰다. 이른바 모든 사람을 환대하는 거대한 집(the great hospitable house)으로서의 '전 국민 평등공화국(Republic of the Equals)'을 세울 때가 왔다는 것이 그의 신념이었다.

샤를 푸리에(Charles Fourier)는 자신의 첫 저술인『네 가지 운동이론(*Théorie des Quatre Mouvements*)』(1808)에서 사회에 대한 복잡하고 정교한 이론과 사회에 대한 진단 정책을 제시하였다. 그는 건전한 사회는 물질적 부의 증대를 목표로 두기보다, 인간의 기본적인 정서인 '동포애'를 구현시키는 데 온 힘을 쏟아야 한다고 강조했다.

그는 거대 독점기업의 통합적 조직에 반대하면서 개인주의와 집단주의가 자발적으로 결합될 수 있는, 자유롭고 자발적인 연합체의 형성을 제안했다. 오직 이러한 방식 안에서 역사의 3단계가 이루어질 수 있다고 보았다. 즉, 제1단계 노예와 주인 간의 관계를 바탕으로 이루어진 사회, 제2단계 임금 근로자와 자본가 간의 관계를 바탕으로 한 사회, 그리고 마지막으로 역사의 제3단계인 조화로운 사회를 이룩할 수 있다고 보았다.

푸리에가 어느 정도 강박관념을 지닌 이론가였다고 한다면, 로버트 오언(Robert Owen)은 실천가였다. 오언이 강조한 새로운 사회의 중요 목표는 생산의 증대가 아니라, '인간의 계발'을 가장 중요시했다. 오언 사상의 밑바닥에는 인간 특성에 대한 심리학적 고찰이 깔려 있었다. 그는 모든 인간은 어떤 성격적 특성을 갖고 태어나지만, 인격을 결정하는 것은 오직 그가 생활하고 있는 환경뿐이라고 생각했다. 인간은 자신의 삶에 대한 사회적 조건이 만족스러울 경우, 자신의 덕성을 더 잘 발전시켜 나갈 수 있다고 주장했다.

과거의 역사를 보았을 때 인간은 오로지 자신을 방호하고, 남을 파괴시키는 훈련만을 받아왔다고 그는 믿고 있었다. 따라서 앞으로 모든 인간은 단체적으로 협동해서 일해야 하며, 개인과 개인 간에 참다운 유대관계를 맺을 수 있는 '새로운 사회질서'를 창출해 내야 한다고 강조했다.

그는 구체적인 계획을 제시하였는바, 전 국민을 3백 명에서 2천 명까지의 모임인 '연방 집단체제'로 구성시킨 뒤, 서로서로 돕는 상호 협동의 원리에 따라 조직해야 한다는 것이다. 그리고 각 공동체마다 지방자치제를 실시하여, 각 개인들과 가장 친밀한 조화를 이루는 이상 사회를 건설할 수 있다고 주장했다.

한편 프루동은 독재제도와 계급주의에 대해 훨씬 더 과격한 비판을 가한다. 그에게 있어 중요한 문제는 정권을 교체하는 일이 아니라, 그 사회 자체를 드러내고 있는 정치 질서의 건립에 있었다. 그는 모든 사회의 무질서와 병폐의 일차적 원인은 바로 '단일하고 계층적인 독재체제'에 있다고 보았다.

그는 새로운 사회질서가 필요하다고 보았다. 즉 그 사회는 상호주의 사상에 기초를 둔 사회이며, 모든 근로자가 그들에게 월급을 주고 생산품을 차지하는 자본가를 위해서 일하는 것이 아니라, 서로가 서로를 위해서 일을 하여, 그 결과 생긴 이윤을 고르게 분배할 수 있는 물품을 협동하여 생산해 내는 그런 사회인 것이다.

이때 무엇보다 중요한 것은 이러한 협동이 국가의 강요에 의한 것이 아니라, 자유롭고 자발적이어야 한다는 점이다. 〈국가 통제 체제(state-controlled system)〉란 자본주의적 국가 정책에 의해서 노동이 대규모로 조직화되고, 결국은 노예화가 될 수밖에 없는 거대한 연합 체제를 의미한다. 그리고 거기에서 어떤 자유, 보편적 행복, 문화를 얻어낼 수 없다고 보았다.

스탈린주의 아래 일어날 수 있는 위험을 19세기에 이미 프루동이 정확히 예견하고 있었던 것이다. 그는 마르크스주의 이론의 전개 과정에서 커다란 해독이 될 수 있는 독단주의 (dogmatism)의 위험을 누구보다도 잘 알고 있었다. 그는 마르크스에게 편지를 써서, 사람들에게 자신의 사상을 세뇌시키는 위험성에 대해 경고하였다. 그는 프랑스의 역사학자 쥘 미슐레(Jules Michelet)에게 보낸 편지에서 다음과 같이 이야기했다.

낡은 세계(The Old World)는 해체의 과정을 밟고 있다. … 사람들은 단지 〈사유와 감정에 있어서 총체적 혁명〉에 의해서만 세계를 변화시킬 수 있다.[84]

한편 권력의 중앙집권화의 위험성을 인식하고, 인간의 생산적 능력에 강한 믿음을 갖고 있었던 사상가가 바로 바쿠닌(Mikhail Bakunin)[85]이다. 그는 1866년에 한 편지에서 다음과 같이 말하고 있다.

우리 모두의 위대한 스승인 프루동은 "앞으로 생겨날 수 있는 가

---

[84] TSS, pp. 251-252.
[85] 러시아의 대표적 무정부주의자. 파리·드레스덴 폭동에 참가했다가 시베리아로 유형을 당했다. 1860년 일본으로 탈출하였다가 미국으로 건너갔다. 1868년 제1인터내셔널에 참가, 마르크스파와 대립하였다가 제명당했다. 『신(神)과 국가(Dieu et L'Etat)』(1882)에서 무신론, 권력 부정을 주장했다.

장 불행한 조합은 사회주의와 그 스스로 절대주의와 결합되는 것이다"라고 말했다. 그 절대주의란 독재 정치와 국가의 모든 사회적 정치적 권력의 중앙 집중화를 통해, 경제적 자유와 물질적 복지를 위해서 국민들을 못살게 만드는 제도이다. 아마도 미래는 우리를 폭정으로부터 보호할지 모른다. 그러나 우리를 불행한 귀결로 이끌고 세뇌교육을 통해 바보로 만들거나, 국가사회주의로 이끌 것이다. … 자유 없이는 어떤 생명체나 인간도 번영될 수 없다.[86] 자유를 보장하지 않거나, 자유를 유일한 창조 원리나 기초로 인식하지 않는 사회주의 체제는 우리를 노예와 짐승으로 만들 뿐이다.[87]

또한 프루동이 마르크스에게 편지를 보낸 지 50년 뒤에, 무정부주의자 크로포트킨(Peter Kropotkin)은 사회주의에 대한 자신의 생각을 다음과 같이 요약했다.

----

86 Nothing living and human can prosper without freedom.
87 TSS, p. 252.

개성(individuality)이 최고로 발달된 상태가 되면, 모든 측면과 모든 가능한 정도 안에서, 그리고 모든 가능한 목적을 위해서, 최고로 발달된 자발적 연합체와 결합될 것이다.[88]

크로포트킨은 자신보다 앞선 사회주의의 선구자들처럼, 인간과 동물의 세계 안에 현존해 있는 '상호협동'과 '상호협조'의 선천적 성향을 강조하였다. 프롬은 이런 크로포트킨의 인본주의적이고 윤리적인 사상의 뒤를 이어, 무정부주의 사상을 대표하는 사람이 바로 란다우어(Gustav Landauer)[89]라고 보았다.

그는 프루동의 이론을 인용하면서, 사회적 혁명은 정치적 혁명과는 닮은 점이 전혀 없음을 강조했다. 그러면서 그는 다음과 같이 이야기한다.

사회혁명은 결코 정치혁명과 유사할 수 없다. … 사회혁명은 그럼에도 불구하고 평화적 구조를 지니고 있으며, 새로운 정신을

---

88 TSS, p. 252.
89 독일의 대표적 무정부주의자.

위한 새로운 정신의 체계화(organizing of new spirit *for* new spirit)여야 한다.[90]

그러면서 사회주의자의 임무와 사회주의 운동에 대해 다음과 같이 정의하였다.

굳어져 있는 마음을 부드럽게 풀어서, 숨겨져 있는 것을 표면으로 이끌어내야 한다. 그렇게 해서 죽어 있는 것처럼 보였던 것을 참되게 살게 해야 하며, 활기를 불러일으켜야 한다.[91]

이런 많은 사회주의적 사상의 흐름은 마르크스와 엥겔스에 이르러 그 결실을 보았지만, 상당히 많은 이론적 모순을 지니고 있는 것 또한 사실이라고 프롬은 지적한다. 그러나 어찌 되었든 마르크스 학파가 사회주의 사상의 핵심을 이루면서 진전되어 왔다고 본다.

---

90 TSS, p. 253.
91 TSS, p. 253.

다른 모든 사회주의자와 마찬가지로 마르크스의 기본적인 관심은 바로 〈인간〉 자체에 있다. 마르크스는 자신의 초기 저술에서 "근본적(radical)이라는 것은 뿌리에 접한다는 것을 의미하며 그 뿌리란 인간 자신이다"라고 했다. 마르크스적 시각에서 볼 때 세계 역사는 오로지 인간 창조에 관련된 것이며, 인간 탄생의 역사일 뿐이다. 그러나 또 다른 측면에서 볼 때 모든 역사는 인간이 자기 자신으로부터, 그리고 자신의 인간적 능력으로부터 '자신을 소외시켜 온 역사'라 하겠다.

그러나 마르크스에 의하면, 지금까지 인간은 환경의 〈객체(object)〉가 되어 왔으나, 앞으로는 환경을 지배하는 〈주체(subject)〉가 되어서 "인간은 인간에 대해 최고의 존재자로 변모되고 있다"[92]고 보았다. 마르크스에게 있어서 '자유'란 정치적 탄압자로부터의 자유일 뿐 아니라, 사물과 환경의 지배로부터의 자유인 것이다. 프롬은 이렇게 표현하고 있다.

자유로운 인간은 부유한 인간이다. 경제적 의미에서 부자가 아

___
[92] Man becomes the highest being for man.

니라, 인간적 의미에서 부자인 것이다. 마르크스에게 있어서 부자는 〈많은 것을 가진〉 인간이 아니라, 〈스스로 풍성한 삶을 사는〉 인간이다.[93]

인간의 본질은 자본주의 체제에 의해 만들어진 특수한 측면만을 가지고 추론해 낼 수 없다. 우리의 목표는 인간을 위해 무엇이 좋은 것인가를 알아내는 것이어야만 한다. 그러므로 우선 인간의 본성에 대한 전반적인 검토를 해야 하며, 그다음으로 각 시대 안에서 변형된 인간성을 탐색해 보아야 한다.

마르크스에 있어서 인간 계발의 목표는 인간과 인간, 인간과 자연 사이에 새로운 조화를 이루는 것이며, 자신의 동료에 대한 인간적 유대관계가 그에게 있어 중요한 욕구와 일치돼야 한다는 것이다.

사회주의 사회는 개인의 자유로운 계발이 모든 사람의 자유로운 계발을 위한 조건이 되는 연합체이며, 개개인의 완전하고 자유로운 계발이 곧 그 사회의 지도원리가 되는 그런 사회인

---

[93] Man who *is* much, and not the one who *has* much. TSS, p. 254.

것이다. 따라서 사회주의는 '유물론은 물론 관념론과도 다른 것이며, 오히려 그 양쪽의 진리를 모두 결합시킨 것'이라고 마르크스는 토로했다.

그는 자본주의적 생산양식 안에서 자기-소외 과정이 최고 정점에 도달하였다고 생각했다. 왜냐하면 그는 자본주의 안에서 인간의 육체적 에너지가 상품으로 변모하였고, 결국 인간이 사물이 되었다고 보기 때문이다. '인간 해방'에 대한 그 자신의 해결책에는 바로 이런 생각이 그 바탕을 이루고 있다. 노동자 계급은 전 국민 가운데 가장 소외된 계급이며, 바로 이런 이유로 인해 노동자계급이야말로 인간 해방을 위한 투쟁을 이끌어 나갈 계급이라는 것이다.

그리하여 그는 생산 수단의 사회화를 통해, 인간을 사회-경제적 과정에 능동적이고 책임 있는 참여자로 변화시킬 수 있다고 보았다. 그리고 이를 통해 인간이 지니고 있는 개인적 특성과 사회적 특성 간의 **분열을 극복**해 낼 수 있다고 믿었다. 마르크스는 이렇게 말한다.

인간이 정치적 권력의 형태로부터 그 스스로 사회적 힘을 더 이상 끊어낼 수 없다면, 즉 국가를 더 이상 조직적인 통치의 영역으로 건립할 수 없다면, 그때 인류의 해방은 성취될 수 있을 것이다.[94]

마르크스는 자본주의에서 사회주의로 넘어가는 사회의 경제적 변혁이 인간의 자유와 해방, 그리고 '진정한 민주주의'를 달성하기 위한 결정적 수단이라고 생각했다. 그렇지만 마르크스는 경제 분야는 절대로 목적이 될 수 없으며, 인간의 욕구를 만족시키는 〈수단〉에 머물러 있어야 함을 강조했다. 생산 수단에 있어서의 사유재산 폐지를 유별나게 강조하는 공산주의를 그는 '천박한 공산주의(vulgar Communism)'라고 불렀다.

그런데 프롬은 마르크스주의에서 많은 모순을 드러내고 있는 부분이 바로 〈국가에 관련된 이론〉이라고 지적한다. 마르크스나 엥겔스는, 사회주의의 목표는 계급이 소멸된 사회뿐만이 아니라, 국가도 소멸된 사회 건설이라는 견해를 가지고 있었음은 의심의 여지가 없다. 국가가 소멸된 사회란, 엥겔스가 말

---

94 TSS, p. 255.

한 의미에 따르면 국가가 여러 가지 '사물에 관련된 행정 기능'
은 맡되, '국민을 통치하는 기능'은 가지고 있지 않음을 뜻한다.
1874년에 엥겔스는, 마르크스가 바쿠닌파의 1872년도 활동을
조사하여 어떤 위원회에 제출한 보고서 내용과 일치된 의견을
밝힌 바 있다.

> 모든 사회주의자들은 승리한 사회주의의 결과로 국가는 사라져
> 야 할 것이라는 데에 동의하고 있다.[95]

마르크스와 엥겔스의 반국가관(anti-state views)과 정치권력의
중앙집권화에 대해 반대하는 입장은 파리 코뮌(Paris Commune)[96]
에 관한 마르크스의 논문에서 특히 분명하게 잘 나타나 있다. 마
르크스는 절대군주제의 원칙에 그 근거를 두고 있는 중앙집권
적 정치권력을 대신할 수 있는 지방분권의 필요성을 주장했다.
즉 중앙정부에 남아 있는 중요한 기능은 지방자치정부에 넘

---

95 TSS, p. 257.
96 1871년 파리(Paris) 시민과 노동자들의 봉기에 의해서 수립된 자치정부.

겨야 하며, 사회의 자유로운 운동을 억제시킨, 기생충과 같은 '국가'라는 괴물에 의해 잠식되었던 모든 권력은 지방자치체에 넘겨줘야 한다고 역설했다. 그래서 마르크스는 노동자들의 자치정부인 코뮌이야말로 '노동의 경제적 자유를 진전시킬 수 있는, 최종적으로 발견된 정치 형태'라고 강조했다.

그러나 이러한 마르크스나 엥겔스의 입장에 대한 해석에 있어서 레닌은 조금 다르게 이해하고 있다고 프롬은 말하고 있다. 즉 마르크스는 사회주의가 갈망해야 하고, 궁극적으로 도달해야 할 목표는 '지방분권'과 '국가의 소멸'임을 주장하기는 했지만, 그것은 오직 노동자계급이 정치권력을 장악하고, 국가를 변혁시킨 '뒤에라야' **가능**하지, 그 '이전에는' 어렵다고 생각했다. 한마디로 말해 마르크스의 생각은 국가를 장악하는 것은 최종적인 목표인 국가소멸에 도달하기 위해 필요한 수단이라는 것이다.

그러나 이런 사실에도 불구하고 마르크스가 최초의 국제 공산당 대회였던 제1차 인터내셔널[97]에서 취한 행동, 즉 자신과

---

97 인터내셔널은 1864년 런던에서 창립된 노동자들의 최초의 국제적인 조직으로서 정식

아주 조금이라도 다른 의견을 가지고 있는 사람에게 취했던 그의 독단적이고 아량 없는 태도를 고려할 때, 레닌이 마르크스를 중앙집권주의자로 오해했던 것이 아닌가 하고 프롬은 이해하고 있다. 바로 이와 같은 마르크스의 중앙집권주의 안에 러시아에서 벌어졌던 사회주의 사상의 비극적 전개의 뿌리가 **깔려** 있었다는 것이다.

특히 스탈린주의는 모순을 지니고 있는 중앙집권의 원리를 바탕으로 근대에 있어 어떤 국가조직보다도 〈가장 잔인한 조직〉을 이룩하였다. 그리고 그러한 중앙집권적 국가조직의 원리는 파시즘이나 나치즘을 훨씬 능가하는 것이었다.

마르크스 이론에서 발견되는 이러한 모순은 중앙집권과 지방자치에서 발견되는 모순보다 더 심각한 문제를 띠고 있다고 프롬은 보고 있다. 다른 모든 사회주의자와 마찬가지로 마르크스도 인간의 해방이 일차적으로 정치적인 문제가 아니라, 경제적이고 사회적인 문제라고 확신했음에도 불구하고 정치적 영

명칭은 국제노동자협회(International Working Men's Association)이다. 이 협회의 활동을 통해 마르크스주의가 각국에 보급되는 등 국제 사회주의 운동에 큰 영향을 미쳤다.

역이 사회, 경제적 영역을 지배해야 한다고 하는 전통적 사고에 사로잡혀 있었다고 프롬은 보고 있다.

즉 마르크스는 17, 18세기에 일어난 중산계급 혁명의 지도 원리인, 국가와 정치권력 장악에 있어서 무엇보다도 정치적 변화를 제일 중시 여기는 입장을 고수하고 있다. 그런 면에서 마르크스와 엥겔스는 프루동, 바쿠닌, 크로포트킨, 란다우어보다 훨씬 더한 '부르주아(Bourgeois)[98]적' 사상가라고 프롬은 지적한다.

역설적으로 레닌주의로 발전된 사회주의는 오언, 프루동이 밝혔던 사회주의보다 국가와 정치권력에 관한 부르주아적 발상으로 퇴보하고 있음을 보여주고 있다는 것이다. 이러한 문제에 대해서 프롬은 마르크스적 사고방식의 편향성을 날카롭게 찾아낸다. 즉 공적인 문제에 대한 세 가지 사고방식, 즉 경제적, 사회적, 정치적 사고방식 가운데 마르크스는 첫 번째 경제적 사고방식은 누구보다도 탁월했으며, 세 번째 정치 분야에서도 그의 전력을 투자했지만, 두 번째 사회 분야의 문제를 제대

---

98 생산수단을 소유하지 못한 무산계급(無産階級, proletariat)에 대한 반동적 자의식을 가진 유산계급.

로 다루지 못했고, 〈사회문제는 그의 이론에서 중요한 요소로 취급되지 못했다〉는 것이다.

그리고 흔히들 마르크스 이론이 무엇보다도 폭력과 혁명을 옹호하고 있다는 사실로 말미암아 비판을 받고 있지만, 프롬은 오히려 지난 300년 동안의 정치적 혁명은 사실 중산계층인 부르주아 사회의 전통적 사상임을 주장한다. 왜냐하면 군주제의 정치권력을 타도하고 국민이 정권을 장악하는 것이야말로 사회문제의 해결책이라고 믿었던 계급은 하류계층이 아니라, 중산계층이었다는 것이다. 즉 근대 민주주의는 폭력과 혁명의 산물이라 볼 수 있는데, 1917년 러시아 혁명과 1918년 독일 혁명이 일어났을 때, 서구의 민주주의 국가들이 이를 따뜻하게 환영해 주었다는 사실을 그 예로 제시하고 있다. 정치권력과 폭력을 지나치게 과대평가하는 전통적 입장에 마르크스가 여전히 갇혀 있었다는 것이 그의 비극적 실수였고, 또 이런 실수가 스탈린주의로 발전하는 계기를 만들어 주었다는 것이다.

마르크스주의를 이해하는 데 있어 빼놓을 수 없는 이론이 바로 사적 유물론(史的 唯物論, historical materialism)이다. 프롬은 사적 유물론이 역사법칙을 이해하는 데 있어서 중요한 과학적 개념을 제시하고 있다고 평가한다. 그래서 만약 마르크스사상의 추종자들이 소득 없는 독단주의에 빠지지 않고 그것을 제대로 발전시켰더라면 이 이론은 훨씬 더 의미 있는 이론이 될 수 있었다고 본다.

그러나 프롬은 아쉽게도 〈**마르크스가 인간에 대한 충분한 심리학적 통찰력을 갖추지 못했다**〉고 비판한다. 즉 그는 인간의 본성에는 그 자신만의 욕구를 지니고 있다는 사실과 인간은 사회 및 경제적 유기체에 의해 만들어진다는 사실을 깨닫지 못했다는 것이다. 또 반대로 인간이 사회 및 경제적 유기체를 만들어간다는 사실도 알지 못했다고 본다. 그리고 인간적 변화 발전의 가장 강력한 동력이 '열정'과 '노력'이라는 점에 대해서도 제대로 인식하지 못했다고 본다. 마르크스와 엥겔스는 역사는 경제적 조건에 의해 결정될 뿐만 아니라, 〈문화적인 요인〉 또한 그 사회의 경제적 기반에 영향을 끼친다는 사실에 대해 충분한 주의를 기울이지 못했다고 비판한다.

또 프롬은 마르크스가 노동계급을 낭만적으로 이상화(romantic idealization)한 것 또한 잘못되었다고 지적한다. 이러한 잘못은 노동자계급의 인간적 실재를 제대로 관찰한 것이 아니라, 단순히 이론적인 틀로만 구성한 데에서 비롯되었다는 것이다. 마르크스는 본래 인간 소외를 불러일으키는 여러 조건을 찾아보겠다는 의도로 경제 분석을 시작하였는데, 지나치게 경제적인 요소만을 고려하다가 인간 내면에 있는 '비이성적 능력'을 마르크스는 파악하지 못했다는 것이 프롬의 또 다른 지적이다. 프롬의 말을 들어보면 다음과 같다.

> 인간에 대해 마르크스가 지니고 있는 개념은, 인간의 성선성(man's natural goodness)에 대한 명백한 가정이다. 그러한 타고난 성선성은 심하게 손상된 경제적 족쇄가 풀리자마자 확고히 드러난다는 것이다. 『공산당선언』의 마지막 유명한 구절인 "노동자들에 있어 잃어버릴 것은 그들이 지닌 족쇄밖에 없다"라는 말은 심각한 〈심리학적 오류〉를 지니고 있다.[99]

왜냐하면 노동자들은 그들이 족쇄를 차고 있을 때, 그들의 모든 비이성적 욕구와 만족함 또한 잃어버리기 때문이다. 이런

---

[99] TSS, p. 264.

측면에서 볼 때, 마르크스와 엥겔스는 18세기의 '소박한 낙관주의'에서 결코 벗어나지 못한 것이다. 결국 '인간 감정이 지니고 있는 복잡한 내용을 과소평가'한 마르크스적 사고는 아주 위험한 세 가지 오류에 빠지고 말았다고 프롬은 본다.

첫째, 마르크스는 인간 속에 내재하는 〈도덕적〉 요인을 소홀히 다루는 오류를 저질렀다. 경제적 변혁이 성취된다면 인간의 착함(goodness)이 자동적으로 자신의 본 모습을 드러낼 것이라고 그는 잘못 가정했다는 것이다. 그는 자발적으로 내면의 도덕적 변화를 겪어보지 못한 사람에 의해서는 결코 보다 나은 사회를 구현할 수 없다는 사실을 간과하였다.

둘째, 마르크스는 사회주의의 실현 가능성을 틀리게 판단했다는 점이다. 새로운 서광이 비치기 전에 서구세계를 휘감게 될 흑암을 예견한 여러 예언가들과는 달리 마르크스나 엥겔스는 '좋은 사회'가 즉시 도래할 것으로 믿었다는 것이다. 그들은 공산주의와 파시즘이라는 독재정치의 모습을 띤 새로운 야만주의와 전대미문의 파괴력을 지닌 전쟁의 가능성을 거의 인식하지 못했다. 현실에 대한 잘못된 판단 때문에 마르크스와 엥겔스 사상은 수많은 이론적, 정치적 오류를 지니게 되었다. 이런 오류야말로 레닌으로부터 시작되는 사회주의 몰락의 근거라고 할 것이다.

셋째, 생산수단의 공유화가 자본주의 사회를 사회주의 사회로 변형시키기 위한 〈필요조건〉일 뿐 아니라, 〈충분조건〉이 된다는 발상이 문제였다. 착취로부터의 인간 해방이 자동적으로 자유롭고 협동적인 존재를 만들어 낼 것이라고 마르크스는 믿었으나, 이것은 경제적 변혁에 의해서도 하루아침에 쉽게 바뀌지 않는 인간의 '비이성적이고 파괴적인 감정의 힘'을 제대로 보지 못한 결과였다.

프롬은 20세기 중반에 사는 사람으로서 마르크스의 오류를 알아내기가 그리 어려운 일이 아니라고 고백한다. 왜냐하면 우리는 러시아에서 실제로 벌어졌던, 마르크스의 사상적 오류가 남긴 비극적 실례를 직접 보았기 때문이다.

스탈린주의는 '국민'에 의한 생산수단의 국유화라는 것이 산업적, 군사적, 정치적 관료주의에 의해 국민을 착취하기 위한 '이데올로기적 은폐물(ideological cloak)'이 되었다는 것을 명백히 보여주고 있다.[100]

20세기에 들어와 자본주의가 더욱 발전하면서 자본주의에 대한 비판은 진부해진 반면에, 러시아에서조차 사회주의란 생산수단의 국유화를 의미하는 정도의 단순한 공식으로 요약될 만큼 약화되고 말았다. 이제 서방세계에서 사회주의는 노동자에게 보다 높은 임금을 지불하려는 성향의 이론 정도로 이해하고 있으며, 그것이 지닌 구세주적 감성과 인간적 열망과 욕구에 대한 호소력은 점차 그 힘을 잃어 가고 있다.

프롬 나름의 마르크스주의에 대한 예리한 여러 비판은 실상 그가 주장하고 있는 〈민주사회주의(democratic socialism)〉가 앞으로 주의를 기울여야 할 일들의 필요성을 강조하기 위한 것이었다.

민주사회주의는 사회 문제가 지닌 인간적 측면으로 돌아와야 하며, 그것에 초점을 맞추어야 한다. 그리고 그 민주사회주의는 그것이 인간의 정신과 영혼과 같은 부분에 무엇을 할 수 있을지에 대한 관점에서 자본주의를 비판해야만 한다. 그리고 사회주의적

---

100 TSS, p. 267.

사회가 인간의 소외 및 경제와 국가에 대한 우상숭배를 종결시키는 데 기여할 수 있는 방법을 물어보는 인간적 차원의 사회주의적 전망을 염두에 두어야 한다.[101]

---

[101] TSS, p. 269.

제8장
건전함으로의 길

1. 일반적 고찰

프롬은 19세기의 자본주의가 노동자에 대한 물질적 복지를 무시했다고 비판을 받는 것은 사실이지만, 그것이 결코 자본주의에 대한 핵심적 비판은 아니라고 본다. 오언, 프루동, 톨스토이, 바쿠닌, 뒤르켐, 마르크스, 아인슈타인, 슈바이처 등은 모두 〈인간 자체〉에 대해 이야기했으며, 오늘날의 산업체제 안에서 일어나고 있는 인간에 관련된 여러 가지 내용에 가장 큰 관심을 갖고 있었다는 것이다.

위의 사상가들은 조금씩 다르게 표현하고는 있어도, 결국 오늘날의 인간은 '자신의 중심점을 잃어버리고 말았다'고 하나같이 말하고 있다. 또 인간은 경제적 목표를 달성하기 위한 도구로 전락하였으며, 그의 동료들과 자연으로부터 이탈되어 올바른 관계를 맺지 못한 채, 의미 있는 삶을 영위하지 못하고 있다고 지적한다. 프롬은 특히 '소외' 개념을 중심으로 위의 문제들을 소상히 기술해 보고자 노력하고 있다.

현대인은 수동적이고, 판매 지향적인 쪽으로 퇴행적 삶을 살아가면서, 생산적인 일을 제대로 해낼 수 없게 되었다. 자존감을 상실하고, 남의 인정에 목매서, 늘 불안에 감싸여 있다. 항상 불만스럽고 권태로우며, 근심에 차 있고, 이런 걱정거리들에 대해 보상을 받거나 숨기려는 데에 자신의 온 정력을 낭비하고 있다. 인간의 지능은 탁월성을 발휘하지만, 이성은 오히려 퇴화하고 말았다. 이제 인간이 지니고 있는 과학 기술력으로 모든 문명을 파멸시킬 수 있으며, 모든 인류를 멸절시킬 수 있는 상황까지 오고야 말았다.

이런 식으로 문제가 전개된 그 〈원인〉을 생각해 볼 때, 인간 사회가 병들어 있다는 진단 외에 다른 이야기를 할 수 없을 것이다. 19세기 초 모든 사회 문제의 원인을 '정치적 자유의 결여', 특히 보통 선거권이 주어져 있지 않기 때문이라고 파악하고 있었을 때, 사회주의자들 특히 마르크스주의자들은 '경제적 요소'가 그 주된 원인이라고 보았다. 그들은 인간 소외가 인간이 인간을 착취하고, 목적이 아니고 수단으로 이용했다는 것에서 비롯되었다고 믿고 있었다.

그러나 다른 한편으로 톨스토이와 부르크하르트와 같은 사상가들은 서구 사람들이 퇴락한 이유로 '정신적 내지 도덕적 빈곤'에 강조점을 두고 있었다. 프로이트는 현대인의 고통은 '본능적 욕구에 대한 지나친 억압'에서 비롯되어, 결국 정신질환을 앓게 되었다고 진단했다.

그러나 프롬이 보기에 문제의 여러 원인을 도외시하고 어느 한 부분만을 크게 부각하여 분석한 위의 설명들은, 결과적으로 편향적인 잘못을 저질렀다고 본다. 따라서 사회-경제적, 정신적, 심리학적 설명들은 똑같은 현상에 대해 서로 다른 관점에서 파악하고 있을 뿐이다. 이때 이론적 분석에서 가장 중요한 과제는 이런 관점들이 어떤 관계를 맺고 있으며, 어떻게 서로에게 영향을 주고 있는지를 살피는 일이다.

무엇이 오늘날 현대인의 질병의 원인인지를 알아낸다면, 그리고 바로 그 원인을 제거할 수만 있다면, 그 질병을 치료할 수 있을 것이다. 만약 현대인이 지닌 병의 '그' 원인이 경제적 혹은 정신적 혹은 심리적 원인에서 비롯된 것이라면, 바로 '그' 원인을 제거하면 된다. 그리고 그러한 여러 다른 측면들의 관련성을 먼저 파악하고, 산업분야, 정치적 조직, 정신적이고 철학적인 성향, 성격구조, 문화 활동 등의 〈**각종 영역에서 동시다발적 변혁이 일어날 때**〉 비로소 정신적 건전함과 건강함을 획득할 수 있을 것이다.

프롬이 보기에 기독교는 과거에 사회질서에서의 변화를 무시한 채, 오직 개인의 정신적 부흥을 주장해 왔는데 이는 대다수 사람에게는 큰 효과를 거두기 어렵다고 본다. 계몽시대에는 인간의 선입견 없는 판단과 이성을 최고의 규범으로 여겼다. 이 당시 정치적 평등을 강조했지만, 그것도 사회-경제 조직의 근본적 변화가 동반되지 않는 한, 인류애까지 이어질 수는 없는 것이다.

특히 마르크스주의는 사회-경제적 변화의 필요성을 강조하였지만, 인간 내면 변화의 필요성을 경시하였는바, 경제적 변화만으로는 결코 '훌륭한 사회'를 만들어 낼 수 없다. 그리하여

지난 2천 년 동안의 다양한 개혁과 변혁 운동은 대부분 실패로 끝났다고 프롬은 비판한다.

인간 생활 모든 영역에서의 '통합적 진보(integrated progress)'가 아닌, 각각 분리된 영역에서의 '고립된 진보(isolated progress)'는 실패할 수밖에 없다는 사실이 우리에게 확실한 교훈을 주고 있다. 이 문제와 연결된 것이 급진주의(radicalism)와 개혁(reform)의 문제이다. 사회가 지닌 근본적인 문제는 건드리지 않고, 심각한 증상만 일시적으로 진정시켜 보려는 피상적 미봉책인 잠정적 개혁은 결코 그 목적을 달성하기 어렵고, 결국은 엉뚱한 방향으로 귀결될 수 있다. 한편 모든 문제를 폭력에 의해서 해결할 수 있다고 믿는 급진주의는 비현실적이고, 허구에 불과하다. 역사적으로 볼 때, 개혁이나 급진주의적 발상은 결국 비슷한 결과를 산출했을 뿐이다. 볼셰비키 '혁명'은 스탈린주의로 귀결되었고, 독일 우파 사회민주당의 '개혁'은 히틀러 정권을 탄생시켰다. 개혁의 참다운 기준은 그 속도에 있는 것이 아니라, 그 실재성에 있다. 즉 그것이 참다운 의미의 급진주의냐 아니냐에 달려 있다.

프롬은 여기에서 사회병리 치료에 앞서 개인의 병리에 대해서 기본 조건을 검토하고 있다. 왜냐하면 사회병리도 병리인 이상, 그 치료에 있어서 같은 원리가 작용할 수 있기 때문이다.

개인 병리에 대한 치료 조건으로 주로 다음과 같은 것들이 있다.

① 정신의 정상적인 기능과 모순이 되는 상태가 일어나야만 한다. 프로이트 이론에 의하면 리비도가 제대로 발달되지 못했을 때, 질병의 증세가 진전되고 있다고 본다. 인본주의적 정신분석학의 준거 틀에 의하면, 병리의 원인은 자신의 정상적인 생산지향성을 개발시키지 못한 데에서 찾을 수 있다.

② 건강을 추구하려는 욕구에 있어서 반드시 필요한 첫째 단계는 자신의 고통을 자각(awareness)하는 것이다. 프로이트 이론에 의하면 인간의 심리적 억압은 주로 성적(性的) 욕구에서 비롯된다고 본다. 정신분석학의 준거 틀에 따르면 비이성적 감정, 고독감과 무력감, 억압된 사랑

등과 깊은 연관이 있다.

③ 자각(self-awareness)의 증대는 다음 단계가 이루어졌을 때만 충분히 효과적일 수 있다. 즉 계속해서 정신질환을 불러일으키는 일상생활을 철저하게 바꾸어야 한다. 예를 들어 자신의 정신병적 성격 때문에 부모의 권위에 복종하기를 원하는 환자는, 복종 지향을 계속하지 않는 쪽으로 자신의 생활을 바꾸어야만 정신질환이 치료가 된다.

위에서 언급한 똑같은 조건들, 즉 인간의 본성적 욕구와 고통을 유발시키는 것 사이의 내면적 '충돌', 숨겨진 것들에 대한 '자각', 실제 생활과 가치관 및 가치 규범에 대한 근본적 '변혁' 등이 사회적 병리(social pathology)를 치료하는 데 반드시 필요하다.

그렇다면 프롬이 보고 있는 정신적으로 건강한 인간은 어떤 존재인가?

정신적으로 건강한 사람이란 '생산적이고 소외되지 않은' 사람이다.[102] 즉,

① 그 자신이 세계에 대해 사랑으로 결합된 사람이며,

② 그의 이성(理性)을 사용하여 실재를 객관적으로 파악하는 사람이며,

③ 그 스스로를 유일한 개체로 경험하는 사람이며,

④ 동시에 동료들과 동질감을 느끼는 사람이며,

⑤ 비합리적 권위에 복종하지 않는 사람이며,

⑥ 양심과 이성을 지닌 합리적 권위를 기꺼이 수용하는 사람이며,

⑦ 살아 있는 동안 계속 탄생되어가는 과정 안에 있는 사람이며,

⑧ 인생이라는 선물을 자신이 가질 수 있는 가장 귀한 기회로 여기는 사람이다.[103]

---

[102] The mentally healthy person is the productive and unalienated person.
[103] TSS, p. 275.

위와 같은 정신건강에 관련된 목표들은 사람에게 억지로 강요한다거나, 자신의 '선천적 이기심(innate selfishness)'을 희생했을 때 얻어지는 것이 아니라는 사실에 유념해야 한다. 오히려 그 반대로 정신건강, 행복, 조화, 사랑, 생산성 등에 대한 갈망은 정신적, 도덕적 바보로 태어나지 않은 모든 인간이 선천적으로 지니고 있다.

어떠한 사회가 이러한 정신건강의 목표에 상응하는 사회이며, 또 건전한 사회 구조는 어떠해야 하는가? 무엇보다 이런 사회는 어느 누구도 다른 사람의 목적을 위한 수단이 될 수 없으며, 어떤 경우에도 어떤 예외도 없이 자기 자신이 목적이 되는 사회이다. 이 사회에서는 '인간이 모든 것의 중심'이 되며 모든 경제, 정치적 활동은 인간의 성장이라는 목적에 맞추어져 있다.

건전한 사회는 탐욕, 착취, 소유욕, 이기주의 등과 같은 여러 특성들이 더 많은 물질적 획득이나 개인적 특권을 향상시키는 데 사용될 기회를 전혀 주지 않는 사회이다. … 더 나아가 건전한 사회는 인간이 그 자신의 삶의 주인으로서는 물론이고, 사회적 삶에 있어서 능동적이고 책임성 있는 인간이 되도록 허락하는 사회이다. 그리고 인간적 유대관계를 고양시키고, 사회구성원끼리 서로 사랑으로 연결되도록 허용하고, 그것을 장려하는 사회이다. 건전한 사회는 모든 사람이 자신의 일을 능동적으로 수행하는 사회이며, 이성능력을 마음껏 발휘하고, 집단적 예술과 축제 안에서 자신의 내적 욕구를 잘 표출할 수 있는 사회를 뜻한다.[104]

2. 경제적 변혁

1) 사회주의의 문제점

우리는 오늘날 사회가 가진 불건전성 문제에 대한 세 가지 해답, 즉 전체주의, 초자본주의, 사회주의라는 해답에 대해 논의하였다. 전체주의라고 하는 해결책은 파시즘이나 스탈린주의와 같이, 광기(狂氣)와 비인간화에 도달할 뿐이라는 것은 명약관화하다. 초자본주의라고 하는 해결책은 자본주의가 본래 지니고 있는 병세만을 강화시킬 뿐, 인간 소외와 인간 자동기계

---

[104] TSS, p. 276.

화를 배가시켜, 인간을 생산이라는 우상의 노예로 전락시킬 뿐이었다. 그리하여 보다 건설적인 해결책으로 사회주의 사상이 제기되었다. 사회주의 사상가들은 우리의 사회경제 구조를 철저하게 재조직하여 보다 인간적인 사회를 건설하고자 하였다. 그러나 지금까지 사회주의를 실시해 본 결과, 의심할 여지없이 실망만 가져다주었을 뿐이라고 프롬은 고백한다.

그렇다면 왜 사회주의는 실패하였을까? 이런 참담한 실패를 피해서 건전한 사회로 나갈 수 있는 방법은 무엇일까? 프롬은 우선 몇 가지 실패 원인을 점검해 본다.

마르크스적 사회주의에 의하면, 사회주의 사회는 두 가지 전제 위에 건설되었다. 즉 생산수단 및 분배의 사회화와 중앙집권적 계획경제가 그것이다. 대표적 사회주의 국가인 러시아의 체제는 경제적 면에서 공유화된 계획경제가 능률적일 수 있다는 것을 보여주었지만, 또한 그것은 자유로우며, 동포애가 충만히 넘치는 소외 없는 사회를 건설하는 데 필요한 충분조건은 아니라는 것을 여실히 보여주었다. 오히려 정반대로 그 체제는 〈중앙집권적 계획경제야말로 자본주의나 파시즘보다 더 심한 통제와 권위주의를 만들어 낼 뿐〉임을 증명해 보여 주었다.

물론 프롬은 러시아의 사회주의가 마르크스와 엥겔스가 원했던 사회주의를 실현한 것은 아니라고 말한다. 그러나 어찌되었든 마르크스와 엥겔스의 결정적인 잘못은 재산권의 합법적 교체와 계획경제가 그들이 바라던 사회적, 인간적 변화를 가져오는 데 충분하다고 생각했던 점이다.

　또 마르크스가 생각했던 소득의 평등에 대한 내용도 러시아에서는 별 실효를 보지 못했다. 러시아에서의 소득의 불평등이 오히려 미국이나 영국보다 더 심했던 것이다. 그리고 사회주의가 실현되면 점차적으로 국가가 소멸되고, 사회계급이 점차적으로 사라질 것을 예측했지만, 오히려 여타의 자본주의 국가보다 러시아의 국가 '권력'은 더 강화되었고, '계급 간의 차별'도 더 심해졌다.

　특히 사회주의에 있어 마르크스적 핵심이념은 인간은 모든 문화의 목적이어야만 하고, "사물(곧 자본)이 생명(곧 인간의 노동)을 섬겨야 한다"는 것이다. 그러나 이 점에서도 어느 자본주의 국가보다 러시아에서 국민개인과 인권에 대한 경시가 가장 심한 상황이다.

　마르크스주의적 사회주의의 경제 이념을 적용하려던 나라

는 러시아만이 아니라, 영국도 있었다. 프롬에 의하면, 영국의 노동당은 마르크스주의에 그 기초를 두고 있지는 않지만, 실제에 있어 마르크스주의 이론을 정확히 잘 따르고 있다고 평한다. 영국 노동당이 러시아 체제와 다른 점이 있다면, 사회주의적 목적을 실현하는 수단을 항상 평화적으로 사용했다는 점이다. 그리고 모든 산업을 국유화한 것이 아니라, 의료제도, 금융업, 철강업, 광업, 철도사업, 화학공업 등에 관련된 영역만 사회화하고자 했다.

그러나 영국에서의 사회주의적 실험이 러시아보다는 덜 극단적이었지만, 크게 실망스러운 것은 사실이라고 프롬은 말한다. 즉 영국적 사회주의는 그들이 원치 않았던 통제와 관료주의를 크게 부각시켰으며, 노동조건과 노동과정에서의 노동자의 역할 등은 크게 변한 것이 없었다. 그래도 영국 사회주의가 성공을 거둔 것은 사회보장제도(social security system) 정도였다.

그리고 영국 노동당 정권이 보여주었던 사회화나 제도의 개혁은 진정한 사회주의는 아니라고 프롬은 단적으로 말한다. 사회주의가 각 개인이 스스로 자신의 존재를 발견하고, 자본주의 체제에 고유한 소외에서 벗어나 새로운 생활 형태, 즉 인간적 유대와 믿음이 넘치는 사회 구축을 목표로 하고 있는 한 그렇다고 본다.

프롬은 앞으로 우리에게 놓여 있는 과제는 정치적 민주주의를 실현하고, 참다운 인간 사회를 성취할 수 있는 방법과 수단이 무엇인지를 찾아내는 일이라고 주장한다.

2) 공산주의적 사회주의의 원리

마르크스주의가 생산수단의 사회화를 강조한 이유는 19세기 자본주의에 큰 영향을 받았기 때문이다. 소유권과 재산권은 자본주의 경제의 가장 중심이 되는 틀이었다. 마르크스가 "몰수자의 것을 몰수하자"라고 요청하면서, 사회주의를 자본주의적 사유재산제를 180도 뒤집어 놓은 것으로 정의 내렸을 때, 그는 여전히 자본주의 제도의 준거 틀에 머물러 있었다.

마르크스주의적 사회주의의 실패는 재산권과 경제적 요인을 너무 자본주의적 시각에서 지나치게 과대평가한 데 뿌리를 두고 있다고 프롬은 본다. 그러나 어찌 되었든 오언주의자, 노동조합주의자, 무정부주의자, 길드 사회주의자 등 여러 갈래의 사회주의자들은 노동에 있어서 노동자의 사회적, 인간적 상황과 동료 노동자들과의 유대관계 등에 대해서 공통의 관심사를 보인다. 소위 공산주의적 사회주의라 부를 수 있는 다양한 형태의 사회주의의 목적은 〈한 사람 한 사람의 근로자가 능동적이고 책임성 있는 참여자가 되어, 자본이 근로자의 노동을 고용하는 것이 아니라, 노동이 근로자의 자본을 고용하는〉 산업조직에 있었다.

이들 사회주의자가 갖고 있는 원리를 프롬은 영국의 정치이론가 콜(George Douglas Howard Cole)의 공식을 활용하고 있다. 콜은 다음처럼 말한다.

근본적으로 자유에 대한 과거의 주장은 올바른 것이다. 하지만 자유라는 개념을 정치적 자치제만의 용어로 이해했기 때문에 사라져 버리고 말았다. 자유에 대한 새로운 개념은 그 폭이 더 넓어져야만 한다. 즉 그 개념에는 인간에 대한 생각이 단지 자유국가의 어떤 시민으로뿐만 아니라, 산업적 연방체제 내의 파트너라는 의미가 포함되어야 한다. … 새로운 사회주의의 목표로서의 참된 자유란 행동의 자유와 경제적 압박으로부터의 벗어남을 보장해야 할 것이다. 인간을 어떤 문제나 어떤 신(神)이 아닌, 인간 자

체로 취급해야만 한다.[105]

콜은 정치적 자유는 그 자체가 항상 환상적이라고 말하면서, 일주일에 6일씩 경제적으로 예속된 인간이 5년에 한 번 투표용지에 찬성표를 던진다고 해서 자유로운 존재가 되는 것은 아니라고 주장한다. 자유가 일반 사람에게 어떤 의미를 지니려면, 산업상의 자유(industrial freedom)를 포함하는 것이어야 한다는 것이다. 그러면서 아주 중요한 내용을 강조한다. 즉 문명이 지니고 있는 정신적 질병은 많은 국민의 가난에 기인한 것이 아니라, 자유정신과 자존감의 파멸에서 비롯되었다고 그는 주장한다.

그렇다면 영국의 노동당이 지향하고 있는 사회적 이념의 본질은 무엇일까? 근로자들이 요구하는 '산업에 대한 통제(control of industry)'란 무엇을 의미하는가? 그것은 단적으로 말해 근로자에 의한 '직접적 경영(direct management)'을 뜻한다. 즉 기업을 실제로 경영하는 일은 그 기업에 종사하고 있는 근로자의 손에

---

105 TSS, p. 284.

넘어가야 한다는 것이다. 기업의 주문생산, 분배, 교환 등이 근로자에게 속해 있어야 한다는 말이다. 그런 사회에서 근로자들은 특히 경제적 영역에서 가장 신뢰받는 구성원이 될 수 있다고 주장한다.

3) 사회심리학적 반론

공산주의적 사회주의 사상에 대한 가장 극단적인 반론은 노동 상황 그 자체가 이미 과거와는 다르게 모두 바뀌었다는 것이다. 즉 현대의 공장 노동은 그 특성상 기계적이며, 흥미를 불러일으킬 수 없고, '소외된 노동'으로 변모되었다. 대부분의 노동이 극도로 세분화된 분업을 그 바탕으로 두고 있기 때문에 근로자의 흥미와 관심을 이끌어 낼 수 없게 되었다. 노동을 재미있고, 가치 있는 일로 새롭게 만들자는 발상이야말로 낭만적인 헛된 꿈에 불과하다는 것이다.

또 자동 기계화된 노동이 가져다주는, 백일몽이나 몽상에 빠질 수 있는 노동자들의 자유가 과연 긍정적이며, 건전한 것인가 하는 문제가 제기된다. 사실 그것은 피로를 회복시키거나 휴식을 가져다주는 것이 아니며, 그것은 본질상 일종의 '도피'

일 뿐이다. 그리고 그러한 도피는 결국 부정적인 결실을 볼 수밖에 없다.

그러나 프롬은 현대 산업사회에서의 노동의 소외문제를 단지 인간의 본성이 게을러서라거나, 기계노동의 본질이 본래 노동자를 소외시킬 수밖에 없다는 주장에 대해서 거부감을 드러낸다. 그리고 노동의 기본 참여 동기를 오직 〈돈〉으로만 보는 입장에 대해서도 비판한다. 오히려 돈을 더 많이 벌겠다는 욕망이 금전에 철저히 의존하고 있는 산업 자체에서부터 기인한다는 사실을 파악하는 것이 무엇보다도 중요하다는 것이다.

또 금전 이외에 〈명예〉, 〈사회적 신분〉, 〈권력〉 등이 주된 노동의 동기라고 가정하는 주장에 대해서도 문제를 삼는다. 이런 입장은 중산계층과 상류계층 사람들에 있어 가장 강력한 노동의 동기가 되는 것은 맞지만, 이런 동기 외에 경제적으로 자립된 존재가 되었을 때 오는 만족감과 숙련된 노동을 할 때의 보람 등에 대해서도 논의해야 한다. 이것들은 돈이나 권력 등과는 또 다른 의미를 지닌 것이기 때문이다.

물론 불만족, 무관심, 권태로움, 즐거움과 행복감 상실, 공허감 등은 노동자가 자신이 흥미를 갖지 않는 물건을 만들거나,

소비자의 탐욕을 충족시키기 위해 자신의 신체능력 혹은 지성적 능력을 고용자에게 팔아넘겼을 때 발생한다. 그리고 이 모든 것이 실상 〈사회적으로 만들어진 심각한 정신질환〉이라는 사실을 많은 사람들이 간과하지 못하고 있다고 프롬은 고발하고 있다.

현대 산업사회가 그 구성원에게 제공하는 노동에 대해 많은 사람들이 만족하지 못하고 있으며, 특히 무의식적인 불만이 의식적 불만보다 더 크다는 사실을 알아야 한다. 또 그러한 노동이 인간의 정신건강을 얼마나 크게 해치고 있는지 진지하게 논의해야 한다.

소외된 노동이 지니고 있는 질병의 근원을 찾는 것은 우리가 무언가 의미 있는 일에 에너지를 쏟을 때 참된 즐거움과 보람을 찾는다는 사실을 재확인하는 것이다. 프롬은 현대 노동이 어떻게 의미 있는 것이 될 수 있는지에 대해 노동의 두 가지 측면을 언급하고 있다. 즉 노동의 '기술적 측면과 사회적 측면(technical and social aspects of work)'이 그것이다.

4) 노동 동기로서의 이윤과 참여

만약 우리가 노동 상황의 기술적 측면과 사회적 측면을 따로 떼어서 생각해 본다면, 사회적 측면이 만족스러울 경우, 기술적 영역에서는 다양한 형태의 노동에 매력을 느낄 수 있을 것이다. 반면에 어떤 일이 기술적 측면에서는 아주 재미없다손 치더라도, 사회적 측면에서는 그 일이 의미 있고 매력적일 수 있는 경우가 존재한다.

예를 들어 사회적 대우가 좋아진다면 회사 경영자보다 철도 기술자가 되는 것에 더 큰 즐거움을 느끼는 사람이 많이 있을 수 있다. 그러나 노동자계층 안에서 기술자로서 아주 높은 봉급을 받고 굉장히 존경받는 위치에 있더라도, '더 나은 일을 하고자'하는 사람의 야망을 다 채워 주지는 못할 것이다. 또 식당에서 일하는 웨이터의 예를 들어보자. 이 경우 사회적 지위가 지금보다 훨씬 높아진다면, 이 일을 꽤 매력적으로 생각하는 사람이 많을 것이다.

또 다른 예로, 실제에 있어 기술적인 측면에서는 아무 재미가 없지만 전체적 노동 상황이 일하는 사람에게 큰 만족감을 가져다주는 경우를 생각해 보자. 가사 노동을 하는 가정주부와 급료를 받고 같은 일을 하는 가정부의 예를 들어 보자. 가사 노동은 기술적 측면에서 특별히 재미있는 일은 아니다. 하지만 가족에 애정을 갖고 있는 가정주부와 그렇지 않은 가정부 사이에 만족은 상당한 차이가 있을 것이다. 즉 기술적인 측면은 같지만, 노동 상황은 전혀 그렇지 않다.

한편 기술적으로 단조로운 작업도 아주 흥미로운 노동이 될 수 있다는 충격적인 사례로 웨스턴 전기회사의 시카고 호손 공장에서 이루어졌던 엘튼 메이요(Elton Mayo)의 고전적 실험을 들 수 있다. 5년 간에 걸쳐서 진행된 이 실험에서 노동 작업 중 휴식 시간을 늘려주거나, 맛있는 간식제공 및 작업시간 변화 등으로 종업원을 '기분 좋게(feel better)'해 주는 것이 일시적으로는 효과가 있지만, 지속적이지 않다는 사실을 발견했다. 오히려 여직공들에게 사회적으로 우정을 쌓을 수 있는 교제의 기회를 제공해 주는 것이 훨씬 효과적이었다.

이 실험에서 우리는 단순한 〈기술적〉 측면에서 작업 조건의 개선방안이 중요한 요인이 아니고, 노동 상황 전체의 〈사회적〉 측면이 변했을 때, 종업원의 태도에 변화가 온다는 사실을 확인할 수 있다. 특히 중요한 것은 이 실험에 참여했던 모든 종업원이 그런 실험에 참여하고 있다는 사실을 알고 일을 시작했다는 사실이다. 즉 자신들의 목표와 목적이 무엇인지를 알고 노동에 참여하는 것이 무엇보다 중요한 것이다.

메이요의 실험에서 질병이나 피로, 그리고 낮은 생산실적은 단조로운 노동의 기술적 측면에서 오는 것이 아니라, 전체 노동 상황의 사회적 측면에서 노동자가 소외되었을 때 발생한다는 사실을 분명히 알 수 있다.

또 하나 우리의 관심을 끄는 것은 프랑스 브와몽도(Boimondau) 시계부품 공장의 설립자인 마르셀 바르뷔(Marcel Barbu)가 진행시켰던 공장협의체(factory council)와 임금률제(wage rating)가 있다. 바르뷔는 〈고용주와 종업원 간의 구별이 사라진 조직체〉를 만들고자 노력했으며, 고용주와 종업원 간의 '언론의 자유'를 확실히 보장해 주었다.

그리하여 그 집단은 종래의 회사와는 다른 몇 가지 특징을 지녔다. 첫째로 바르뷔는 개인끼리 갖고 있는 어떤 윤리적 공통점을 발전시켜, 종업원 만장일치로 최소의 공동윤리(common ethics)를 채택하였다. 이는 성경의 십계명(the Decalogue)과 유사한 것이었는데, 그 내용은 다음과 같다.

① 너의 이웃을 사랑하라.

② 살인하지 말라.

③ 이웃의 재산을 탐하지 말라.

④ 거짓말 하지 말라.

⑤ 약속을 지켜라.

⑥ 땀을 흘려서 빵을 얻으라.

⑦ 너의 이웃과 그의 인격과 그의 자유를 존중하라.

⑧ 너 자신을 존중하라.

⑨ 너 자신과 먼저 싸워라. 그리고 인간을 저하시키는 모든 악과 싸워라.

　　인간을 노예로 만들고 사회생활에 해로운 모든 감정, 즉 교만, 탐욕, 성욕, 탐심, 폭식, 분노, 게으름과 싸워라.

⑩ 생명 자체보다 더 높은 가치, 즉 자유, 인간의 존엄성, 진리, 정의 등을 취하라.

그들은 일상생활에서 위의 공동윤리를 지키기 위해 서약도

하고, 실천하고자 노력했다. 두 번째로 그 회사에서는 자체 교육을 실시하였다. 그들은 교육시간도 노동시간으로 간주하여 임금을 지급하였다. 즉 단순히 그들은 노동으로 함께 돈만을 〈버는〉 것이 아니라, 인간 자체에 목적을 두고, 집단과 개인의 자기실현을 위해 〈함께 일하는 데〉 역점을 두었다. 이 노동공동체가 기초하고 있는 원리는 다음과 같다.

① 인간적 삶을 영위하기 위해 사람은 자신의 노동이 만들어 낸 모든 결실을 즐겨야 한다.
② 사람은 자신을 교육시켜야만 한다.
③ 사람은 자신의 위치에 합당한 직업군 안에서 공공의 노력을 시도해야 한다.
④ 사람은 전 세계와 능동적으로 관계 맺어야 한다.[106]

---

106 TSS, pp. 309-310.

이외에도 총회와 자문회의, 운영위원회, 연락 집회, 집단소모임 등 다양한 규모의 조직을 통해 회사를 운영하였다. 또 다양한 부서를 통해서 연극, 영화, 스포츠 관람 등 문화 활동을 하고, 자체 잡지를 발간하기도 하였다.

이러한 여러 활동을 통해서 프롬은 생산적인 회사운영과 의미 있는 노동의 중요한 단면을 자세히 설명하고 있다.

5) 실제적인 제안

문제는 공산 사회주의자에 의해 만들어진 것과 유사한 조건이 과연 우리의 전체 사회를 위해서 만들어질 수 있는가 하는 것이다. 한마디로 말해 〈중앙집권과 지방자치를 결합시킬 수 있는 방법〉이 있을 수 있느냐 하는 문제인데, 과연 그런 일이 어떻게 가능할 수 있을까? 라고 프롬은 질문한다. 그리고 이 문제는 산업계에서도 그대로 적용될 수 있는데, 노동자의 능동적 참여를 위해서 노동자는 자기 일에 대한 것뿐만이 아니라, 사업체 전체 운영에 대해서도 충분한 파악을 하고 있어야 한다는 것이다.

또 노동으로부터의 소외는 오직 노동자가 자본에 의해 고용되지 않을 때만, 다시 말해 그가 명령의 대상이 아니고, '자본을 고용한 책임 있는 주체'가 될 때만 극복될 수 있을 것이다. 여기에서의 핵심사항은 생산수단의 소유권이 문제가 아니고, 〈경영과 제반 결정에 대한 참여〉인 것이다.

프롬은 공동경영과 노동자 참여의 원칙은 회사 임원들과 평사원 간에 경영에 대한 책임을 서로 나눠 갖는 방법으로 실현될 수 있다고 주장한다. 프롬은 또 미국의 역사학자이자 사회학자인 타넨바움(Frank Tannenbaum)이 자신의 저술 『노동의 철학(A Philosophy of Labor)』에서 제기한 내용을 다루고 있다. 즉 노동조합이 기업 경영을 통제하기 위해서는 그들이 노동자를 대표하여 회사의 주식 지분을 충분히 구입할 수 있어야 한다는 것이다. 그러면서 프롬은 주의해야 할 점으로 노동자의 경영 참여가 자칫 잘못하면 초자본주의형의 이윤분배 쪽으로 방향을 잘못 잡을 수 있다고 경고한다.

또 프롬은 노동 활동과 정치 활동을 분리할 수 없으며, 여가 활용과 개인의 사생활을 서로 나눌 수 없음을 재삼 강조하고 있다. 즉 생활의 여러 면이 인간화되지 않으면서 노동만 흥미롭게 된다면 그것은 진정한 노동의 변화가 아니라는 것이다.

'생활의 인간화 없이 노동이 즐거울 수 없다'고 주장한다. 프롬은 생활의 온갖 부분을 갈가리 갈라놓은 것이 현대 문화의 큰 폐단이라고 지적하면서 건전한 사회로 가는 길은 이러한 분열을 극복하고, 모든 면에서 새로운 통합이 있어야 한다고 말한다.

프롬은 여러 차례 사회주의가 사유재산과 공공재산의 대립을 지나치게 강조했다는 잘못을 거론하면서, 인간적 요소와 사회적 요소를 무시하였다는 점을 지적하고 있다. 그리고 추상적인 소유권 문제보다 노동과정에서의 인간의 구체적 기능에 초점을 맞추는 방향으로 사회주의자의 관점을 바뀌어야 한다고 이야기하고 있다.

그는 무엇보다 민주주의적, 인본주의적 사회주의자들 간에 사회주의 정당의 사회화(socialization of the socialist parties)로부터 시작되어야 한다는 깨달음이 높아질 것으로 전망하고 있다. 이때의 사회주의란 재산권의 문제가 아니라, 각 구성원 특히 노동자의 산업계 및 정치에 대한 책임 있는 참여라는 차원에서 논의되어야 한다는 것이다.

영국 노동당 정치인이었던 크로스랜드(Charles Anthony Raven

Crosland)는 "자본주의로부터의 이행(The Transition from Capitalism)"이라는 에세이에서 모든 정책 결정에 있어 노동자들의 참여의식을 고취시킬 수 있는 보다 더 근본적인 노력이 필요함을 강조했다. 그는 세 가지 방법을 제시하고 있다. 첫 번째로 국유화의 대대적인 확장, 두 번째로 법령에 의한 배당금 제한, 세 번째로 노동자 대표의 회사이사회 참여가 그것이다. 마지막 부분은 특히 회사소유권에 대한 법률적 구조를 개선하여, 주주들이 독점해 온 부분을 노동자들에게도 나누어 주어야 한다고 주장했다.

영국의 정치가였던 젠킨스(Roy Jenkins)는 "평등(Equality)"에 관한 그의 글에서 다음과 같이 이야기하고 있다. 앞으로의 문제는 자본가가 상당 부분 그의 권력을 다 빼앗긴 뒤에 그들이 지니고 있었던 과거의 특권을 어디까지 허용할 것인가 하는 문제와, 자본주의로부터 발전한 사회가 국민 모두가 참여하는 민주사회주의 사회가 될 것인지, 아니면 소수 특권계층에 의해 지배되는 관리자 사회(managerial society)가 될 것인지 하는 문제이다. 젠킨스는 국민참여적 민주사회주의 사회에서는 권력분산이 허용되고, 여러 계층의 국민에게 보다 능동적인 노동을 하게 하며, 자율적 조직체를 건설할 수 있다고 역설했다.

영국의 경제부 장관을 지냈던 알부(Austen Harry Albu)는 "산업 조직(The Organization of Industry)"이라는 글에서 다음과 같이 주장했다. 경제적 의미에서 기간산업의 국유화가 아무리 성공했다 손 치더라도, 권력의 민주적 분배에 대한 열망은 충족되지 않았으며, 그 기간산업에 종사하는 사람들이 경영상의 정책결정과 정책실행에 올바르게 참여하고 있지 못하다. 산업 민주주의(industrial democracy)의 개념을 산업자치에 대한 원초적인 열망과 어떻게 조화시키느냐 하는 것은 아직도 많은 연구를 요하는 문제이다.

프롬은 위와 같이 영국 노동당 지도자 몇 사람의 말을 인용하면서, 영국 노동당 정권이 실제로 시행하면서 얻었던 훌륭한 경험의 결과와 그 업적에 대해 내려졌던 비판을 광범위하게 다루고 있다.

또 프롬은 서구 세계의 평화와 자유를 유지하기 위한 경제 후진국에 대한 〈원조〉에 대해서 언급하고 있다. 즉 아프리카나 중국의 기아와 질병 문제를 해결하는 것이 결국 선진국의 평화를 이루는 길임을 강조한다. 세계 각국이 과거에는 상상할 수 없을 정도로 서로 밀접한 관련을 갖고 있는 이상, 선진국도 후진국의 경제발전을 의식해야만 한다는 주장이다. 후진국의 경제발전을 위한 원조 액수는 군비 경쟁에 들어가는 금액이나 전쟁 수행을 위한 사용하는 액수보다 훨씬 적다는 미국의 핵 과학자 브라운(Harrison Brown)의 말[107]에 동의하고 있다.

프롬은 개개인의 소득 불평등에 대해서 논의하면서, 사회주의가 무조건적인 소득의 평준화를 지향하는 것은 아니라고 말한다. 단 각 사람의 소득 격차가 너무 심해서 인생의 경험을 질적으로 차이 나게 하는 것은 막아야 함을 강조하면서 최소한 〈보편적 생계보장(universal subsistence guarantee)〉은 이루어져야 한다는 것을 내세운다.

3. 정치적 변혁

앞장에서 프롬은 소외된 사회에서는 민주주의가 제대로 작동할 수 없다는 사실과 오히려 지금 식으로 조직된 민주주의야

---

[107] *The Challenge of Man's Future* (New York: The Viking Press, 1954), p. 245 이하 참조.

말로 일반적인 소외 과정을 불러일으키는 데 앞장섰다는 것을 밝히려 시도하였다. 즉 민주주의에 속해 있지만 소외되어 있는 개개인은 자신의 확신을 갖기 어려우며, 알게 모르게 강력한 선전 체제에 의해서 '의견 자체가 교묘히 조작될' 가능성도 있다는 것이다.

더욱이 요사이 주로 활용되고 있는 '다수결 투표'의 개념 자체도 추상화 과정과 소외과정을 부채질하고 있다는 사실을 잊지 말아야 한다고 말하고 있다. 프롬은 정치에 있어서의 〈올바른〉 사상은 철학, 종교, 과학에 있어서와 마찬가지로 본래 '소수자'의 사상이었다는 것을 역사가 증명하고 있다고 강조한다. 실제로 다수의 유권자들이 자신의 의사를 투표로 표시는 할 수 있지만, 어떤 후보자에게 던지는 표라는 것이 단지 선택만 하는 것이지, 유권자 자신의 의견을 충분히 반영하는 것은 아니다.

그리하여 프롬은 여기에서 하나의 새로운 제안을 하고 있다. 즉 과거의 〈촌락회의(Town Meeting)〉와 같은 소집단 모임을 만들어야 한다는 것이다. 전체 시민을 주거지역과 근로 장소에 따라 약 500명 정도의 소집단으로 조직하는 방안을 제시한다. 이들 집단이 예를 들어, 한 달에 한 번 정기적인 회의를 갖고 공무

원과 각 위원들을 선출하고, 이들을 매년 교체를 시키면 된다는 것이다.

그리고 이 주민회의에서 결정된 사안들은 하원(House of Commons)을 통해 중앙정부에까지 상달시키면 된다고 본다. 물론 그 반대로 모든 정책은 위로부터 주민회의에까지 전달되기도 한다. 이렇게 소규모 대면집단들 안에서 이루어진 토론과 투표를 통해 모든 정책이 이루어지면, 결정의 불합리한 면과 추상적 성격이 많이 사라지게 될 것이라고 본다.

4. 문화적 변혁

프롬은 정치적, 경제적 변혁이 설령 이루어진다 해도, 문화적 변화가 없어서는 건전한 사회로 갈 수 없다고 단언한다. 왜냐하면 건전한 사회로의 변혁은 모든 분야에서 이루어져야 가능하기 때문이다.

그는 유대교-기독교적 전통의 이념은 물질문명 속에서는 실현될 수 없다고 본다. 또 **어떠한 사회주의 사회도 인간의 마음에 '새로운 영혼'을 채워 넣어줄 수 없는 한, 인류애, 정의, 개인주의 등의**

목표를 완수할 수 없다고 강조한다.

> 우리는 새로운 이념이나 새로운 정신적 목표를 필요로 하지 않
> 는다. 인류에 대한 위대한 스승은 건전한 삶을 살기 위한 여러 규
> 범을 이미 상정한 바 있다. 분명히 그들은 여러 다른 언어로 말한
> 바 있다. 여러 다른 측면을 강조하고 있으며, 어떤 주제에 대해서
> 는 다른 의견을 제시하고 있다. 그러나 전체적으로 보아 이러한
> 차이점은 그리 큰 것은 아니었다. … 인류는 자연과 동물의 생존
> 안에 있는 고착성과는 근본적으로 다른 방향 전환을 해 왔다. 양
> 심과 인류의 유대관계 안에 있는 새로운 고향을 발견하기 위해
> 그래왔던 것이다. 왜냐하면 처음으로 인류의 통합이라는 이념과
> 그 운명은 이제 완전하게 탄생되었다고 여겨지기 때문이다. 이
> 러한 이념과 사상들은 실상 동일한 것이었다.[108]

프롬은 우리가 이루어 내야 할 '마음의 혁명(revolution of our
hearts)'에 필요한 것은 새로운 지혜가 아니라, 새로운 진지함과

---

[108] TSS, pp. 343-344.

헌신이라는 점을 주장한다.

또 그는 우리 문화를 이끌어 가는 이념을 시민들에게 각인시키는 일은 '교육'이 맡아야 한다고 생각한다. 그러나 지금의 교육제도는 그러한 임무를 제대로 수행하고 있지 못하다고 보고 있다. 특히 현대 교육의 문제점은 이론적 지식과 실천적 지식 간의 괴리가 너무 현저하다는 것이다. 그리고 바로 이러한 교육에서의 분리는 결국 노동과 사상 간의 소외문제를 야기하고 있다.

프롬은 또 '성인교육'에 대한 내용을 강화할 것을 주문하고 있다. 보통 6세에서 18세까지 일반적인 교육이 이루어지고 있는바, 실상 역사, 철학, 종교, 문학, 심리학에 대한 이해는 어린 나이에는 부족한 면이 있다는 것이다. 따라서 건전한 사회에서는 아동교육 못지않게 성인교육에 관심을 기울여야 한다.

한편 프롬은 예술에 대해서도 깊은 생각을 갖고, 소외에서 벗어나기 위해 예술과 의식(儀式, ritual)을 우리의 삶에서 창조해 내야 한다고 말한다. 현대에 와서 예술은 너무 개인적으로 되었으며, 의식도 너무 종교적 의미를 지니고 있어서, 그 본래의 의미를 잃게 되었다고 본다. 따라서 우리의 감정을 표현해 내는 자연스러운 예술활동이 현대사회에 꼭 필요한 요소라고 보고 있다.

의식이라는 것이 잘 와닿지 않으면, 차라리 〈집단예술(collective art)〉이라고 표현하는 것이 좋을 것 같다고 설명한다. 중요한 것은 지나치게 개인주의적인 예술 활동에서 벗어나 남과 더불어 '공유하는(shared)' 요소가 절실히 필요하다는 것이다. 그러할 때 현대인이 지니고 있는 수용적 성향에서 벗어나 생산적 성향을 지닐 수 있게 된다. 다시 말해 물품 판매 중심적 경향에서 벗어나 창조적 삶의 세계로 들어갈 수 있다는 말이다.

사회학자 리스먼(David Riesman)이 절묘하게 표현하고 있는 '고독한 군중(lonely crowd)'의 구성원이 아니라, 함께 노래하고, 함께 걷고, 함께 춤추고, 함께 찬양하는 시민들의 공동체가 절실히 요청된다.

종교 문제에 대해서도 프롬은 몇 가지 새로운 제안을 한다. **종교에 대한 올바른 이해 없이는 사회의 정신적 질환 문제를 해결할 수 없다.**

의심할 여지없이, 위대한 일신교의 가르침은 인본주의적[109] 목적을 강조하고 있다. 그것은 '생산적 방향 제시' 밑에 깔려 있는 것과 동일하다. 기독교와 유대교의 목표는 인간의 존엄성 그것이었는데, 인류 자신의 목표와 목적은 물질적 가치를 뛰어넘는 인류애, 이성(理性), 영적 가치의 우월성 등이 그것이다.[110]

우리는 하나님이 어떤 존재인지는 말하기 어렵지만, 어떤 존재가 아닌지에 대해서는 말할 수 있다. 다시 말해 프롬은 절대자에 대한 논쟁을 멈추고 현대적 형태의 우상 숭배를 찾아내는 데 온 힘을 합쳐야 할 때라고 주장한다. 인류의 발전에 상응하는 종교가 앞으로 나타난다면, 그것은 '인류의 하나됨'에 걸맞은 보편적 성격을 띨 것이라고 전망하고 있다. 그리고 그 종교는 동양과 서양의 모든 위대한 인본주의적 가르침을 포용하는 성질의 것이 될 것이며, 교리 중심의 신앙이 아니라, 실생활 중심의 종교가 될 것이라고 말하고 있다.

---

109 과연 일신교적 종교의 가르침이 프롬이 강조하고 있는 인본주의적 목적에 국한될 것인지는 논의의 여지가 있다. 즉 많은 신학자들은 인본주의(人本主義)보다 신본주의(神本主義)를 강조하기 때문이다.

110 TSS, p. 351.

종교는 앞선 세기에 드러났던 것처럼, 시기가 무르익었을 때, 새로운 위대한 스승의 출현과 더불어서 드러나게 되었다. 그러는 사이에 하나님을 믿었던 사람들은 그러한 〈삶을 살아감〉으로써 그들의 믿음을 드러내야만 했다. 믿지 않는 사람들은 사랑, 정의 그리고 기다림을 삶에서 드러내야 했다.[111]

---

111 TSS, p. 352.

제9장
요약 및 결론

인간은 처음 동물의 세계에서 자연의 괴짜 존재로 출현했다. 여타의 동물처럼 강인한 동물적 본능을 지니지 못한 인간은 다른 동물보다 무력했고, 생존을 위한 장비도 제대로 갖고 있지 못했다. 그러나 인간은 다른 동물과는 달리 사고력과 상상력과 자기의식 능력을 개발했다.

인간은 단순한 자연으로부터 점차로 이탈하여 토지를 경작하기 시작했으며, 농업과 축산업을 바탕으로 새로운 사회와 종교 질서를 만들어 냈다. 인간은 자신을 보호하는 어머니 격인 자연과의 관계를 끊고, 새로 독립하여 완전한 탄생, 완전한 자각, 완전한 인간이 되고자 했다. 그는 자유로운 존재가 되고자 했다.

앞장에서 말했듯이 프롬은 기원전 500년 경 인도, 그리스, 팔레스타인, 페르시아, 중국 등지에서 인류를 다스릴 위대한 성현들이 나왔음을 천명한다. 노자, 공자, 부처, 이사야, 헤라클레이토스, 소크라테스, 그리고 시대적으로 얼마 뒤에 예수와 그 사도들, 마호메트, 케찰코아틀[112] 등이 등장했다. 그는 특히 유대-기독교의 전통유산인 '도덕적 양심'과, 그리스 전통유산인 '지성적 양심'이 어우러져 인간 창조의 개화기를 맞이하게 되었다고 말한다.

유럽은 부(富)와 무기를 개발하여 수백 년 동안 여타 다른 지역 세계의 주인 노릇을 하고 있었지만, 20세기 중엽에 이르러 과거에는 발생할 수 없었던 엄청난 변화를 맞이하게 되었다. 새로운 기술개발로 과거에는 상상할 수 없었던 생산을 하게 되었고, 통신수단의 발달로 인해 지구의 운명이 한 틀 안에 들어오게 되었다. 인간은 최고의 예술, 문학, 음악을 즐길 수 있는 경이로운 발명품을 고안해 냈으며, 생산력 개발로 많은 사람이 적은 시간의 노동을 통해 넉넉한 생활을 영위하게 되었다.

---

112 Quetzalcoatl: 고대 멕시코의 종교, 역사, 문학에 등장하는 인물 이름.

이렇게 오늘날 과거보다 훨씬 새롭고, 훨씬 풍요롭고, 훨씬 행복한 시대에 접어들었는데 왜 인간은 여러 위협 속에 살고 있을까?

프롬은 우리가 〈**~로부터의 자유**(freedom from)〉는 얻었지만, 〈**~으로의 자유**(freedom to)〉는 얻지 못했다고 진단한다. 즉 인간은 완전한 자기 자신으로 돌아오지 못했고, 완전히 생산적이지도 못하고, 완전한 자각도 갖지 못했다. 그리하여 인간은 종교와 세속적 권력으로부터 얻어낸 〈자유로부터 도피(escape from freedom)〉하고자 하였다.

인간은 오로지 새로운 생산 조직 속에서의 새로운 일에 전념하였고, 그것이 자기 일생의 최고의 목표가 되어 버리고 말았다. 절대자의 구원을 갈망했던 인간은 그 대신 끊임없이 자연을 정복하고 풍요로운 물질적 안락에 안주하게 되었다. 그 과정에서 인간은 기계의 주인이 아니라, 기계의 부분품이 되고 말았으며, 인간 스스로 일종의 투자 대상으로, '하나의 상품'으로 전락하고 말았다. 인간의 목표인 성공은, 시장에서 가능한 한 이윤을 극대화해 자신을 파는 것에 맞추어졌다.

'행복'은 음악, 영화, 오락, 섹스, 술, 담배 등에 푹 빠져서 보다 새롭고, 보다 더 나은 상품을 소비하는 것과 동일한 의미를 갖게 되었다. … 또 인간은 자기 자신으로부터 소외되어졌고, 자신의 손으로 만든 물품과 자신이 선출한 지도자를 숭배하게 되었다.[113]

프롬은 인간은 어떤 의미로는 예수 그리스도 탄생 이전, 즉 위대한 인간의 진화 이전인 2천 년 전으로 되돌아갔다고 한탄한다. 인간은 제대로 사랑도 할 수 없으며, 이성을 활용하거나, 올바른 결정을 내릴 수 없다. 인간은 인생의 진가를 바르게 파악하지 못하고, 모든 것을 파괴하려고 한다. 세계는 다시 분열되었고, 일체감을 상실하게 되었다.

자본주의적 관료화와 경영화로 개인의 자율성은 사라지고, 인간은 점차 자동 기계부품으로 변모하게 되었다. 근대사회는 개인과 사회의 욕구 간의 조화를 이루어 내고, 〈인간성과 사회질서 사이의 갈등을 종식시킬 이념〉을 갖고 출발하였다. 그리하여 이러한 목표를 두 가지 방법을 통해 이룩해 내고자 시도

---

113 TSS, p. 356.

했다. 즉 생산기술을 극대화 하여 모든 사람을 배부르게 먹게 만드는 것과 인간의 참된 욕구를 합리적, 객관적으로 그려내는 것이다. 한마디로 말해 〈건전한 사회를 건설〉하는 것이었다.

그러나 20세기 중엽, 미국과 그 동맹국, 소련과 그 위성국 및 중국의 모습은 위의 이상과는 거리가 멀다. 미국과 서유럽국가는 자유, 이성, 개인주의 사상을 내세우고 있고, 사회주의 진영에서는 단결과 평등이라는 이념을 고수하고 있다. 양쪽 모두 수억 인구의 착각과 광신적 충성을 얻어내는 데 성공했다.

이 두 체제 사이에 중요한 차이가 존재한다. 서방세계에서는 현존 체제를 비판하는 견해를 발표할 자유가 있지만, 소비에트 세계에서는 비판이나 다른 사상의 표현을 잔혹한 폭력으로 억압하고 있다. 프롬이 보기에 서방세계는 평화적으로 진보할 수 있는 변화의 가능성을 자체적으로 갖고 있지만, 소비에트 진영은 그럴 가능성이 거의 없다고 본다. 사회주의 진영에서는 **투옥, 고문이나 죽음의 공포로** 뒤덮여 있다.

프롬이 보기에 서방측의 기독교적 이념과 공산 측의 세속적 메시아주의를 고려하지 않는다면, 두 사회는 겉으로는 철저하게 '물질주의적(materialistic)'이다. 그들은 모든 국민을 중앙집권적 체제, 거대한 공장, 정치적 대중정당 안에 묶어 놓았다. 그리하여 모든 사람은 기계의 톱니바퀴처럼 돌아가지 않으면 안 되는 사회가 되었다. 서방에서는 심리적 길들이기, 대중조작, 금전적 보상이라는 방법을 통해 그렇게 만들고 있으며, 사회주의 진영에서는 폭력적 방법까지 덧붙여 그렇게 하고 있는 상황이다.

서구(자본주의)는 헉슬리의 『멋진 신세계』 쪽으로 빠르게 흘러갔으며, 동구(사회주의)는 오웰의 『1984』의 방향으로 가고 있다. 그러나 그 둘의 체계는 결국 만나게 되어 있다.[114]

프롬은 자본주의와 공산주의의 발전과정에 있어, 앞으로 50년이나 100년 안에 자동기계화와 소외의 과정이 더불어 진행될 수밖에 없다고 예측한다. 인간의 지능은 발전되었지만, 이성은 약화되었고, 인간은 기계가 되고 만다. 인생은 무의미해졌으며, **즐거움**이나 **믿음**이나 **진실**을 찾아볼 수 없다.

---

114 TSS, p. 359.

19세기에는 〈하나님이 죽었다(God is dead)〉는 사실이 문제였다면, 20세기에는 〈인간이 죽었다(man is dead)〉는 사실이 문제인 것이다. 19세기의 비인간성은 잔혹성을 의미했다면, 20세기의 비인간성은 정신분열적 자기 소외(schizoid self-alienation)를 의미한다. 과거의 위험은 인간이 노예가 되어간다는 것이었는데, 미래의 위험은 인간이 점점 로봇으로 되어간다는 것이다.[115]

프롬은 인간이 자동 로봇이 되면 더 이상 온전한 정신으로 살 수 없게 되며, 무의미한 생활의 권태로움을 견딜 수 없어 '자신들의 세계를 파괴하고, 자기 자신마저도 파괴하고 말 것이다'라고 경고한다. 그렇다면 이러한 위급한 상황에서 벗어나기 위해 우리가 취할 길은 무엇인가?

그것은 제대로 된 인간성에 대한 '새로운 탄생'과 인간성의 '자기실현'의 방향으로 다음 걸음을 내디뎌야 한다. 프롬은 몇 가지 방법을 제시한다. 우선 우리의 믿음과 자율성을 마비시키는 '전쟁의 위험'을 없애는 것이다. 우리는 모든 인류의 삶에 대

---

[115] TSS, p. 360.

해 책임감을 지녀야 하며, 부(富)를 바르게 나누어야 하며, 경제 자원 역시 국제적으로 공정하게 분배해야 한다고 그는 강조한다. 그리하여 국제적인 경제 협력과 국제적 경제 계획의 틀을 짜야 하며, 세계정부 구축과 완전한 군비축소를 이룩해 내야 한다.

중앙집권화된 체제를 지방분권 체제로 변모시켜야 하며, 경제적 분야에서 기업체 근무자 모두가 참여하는 '공동 경영(co-management)'을 이루어야 한다. 정치적 분야에서는 수많은 소규모 대면집단(face-to-face group)을 만들어 주민회의를 정착시켜야 한다. 문화적 르네상스를 불러일으켜 젊은이를 위한 노동교육과 성인교육, 그리고 대중예술과 세속적 의식(儀式)을 전 국민에게 보급해야 한다.

프롬은 특히 로봇화의 위험에서 벗어나는 유일한 길은 〈**인본주의적 공동체주의**(humanistic communitarianism)〉라고 주장한다. 재산의 소유권이나 〈이윤〉을 분배하는 것이 중요한 것이 아니라, 〈같이 일을 하고 같이 경험을 나누어야 한다〉는 것이다. 물론 수입도 모든 사람이 품위 있는 생활을 할 수 있도록 물질적 기반을 제공해야 하며, 사회계층 간의 경제적 차이가 지나치지 않도록 평등해져야 한다.

인간은 사회 안에서 그의 최상의 위치에까지 다시 복귀되어야 한
다. 결코 다른 사람이나 자기 자신에 의해서, 수단이 되거나, 이
용되는 사물이 되어서는 안 된다. 인간에 의한 인간의 사용은 목
적이 되어야 하며, 경제는 인간의 발전을 위한 노예가 되어야 한
다. 그리고 자본은 노동을 섬겨야 하며, 사물은 생명을 섬겨야만
한다.[116]

어떠한 변혁도 폭력에 의해 이루어져서는 안 되며, 경제적,
정치적, 문화적 영역에서 **동시에** 이루어져야만 한다. '한 가지
영역에 국한된 개혁은 모든 변혁을 파괴'할 뿐이다.

이상적인 사회 안에서는 인간과 인간의 관계가 사랑으로 맺
어져야 하며, 혈연과 지연이 아니라, 인류애와 유대관계 속에
인간이 뿌리내려야 하고, 파괴가 아니라 창조에 의해 자연을
초월할 수 있어야 한다. 그 사회에서는 현실을 왜곡하거나 우

---

116 TSS, p. 361.

상을 숭배할 필요가 없으며, 올바른 성향과 믿음의 체제가 존재하는 그런 곳이어야 한다.

그런 사회를 건설한다는 것은 다음과 같은 단계로 이동하는 것을 의미한다. 즉 인간이 완전한 인간이 되지 못한 단계인 '**인간기계**(humanoid)' **단계의 역사적 종말**을 의미한다. 그것은 '최후의 심판의 날'이나, '인간의 완성', 혹은 갈등이나 문제가 전혀 없는 완전한 조화의 상태를 의미하는 것은 아니다.

그 반대로 프롬은 인간이 한 번도 해결해 본 경험이 없으면서도, 해결하지 않으면 안 되는 고통을 당하는 것이 인간의 운명이라고 본다. 인간은 모험을 즐기고, 용감해야 하며, 풍부한 상상력을 갖고, 고통을 견디어 내고, 환희를 느낄 수 있어야 한다. 인간의 에너지는 죽음에 바쳐지는 것이 아니라, 삶에 바쳐져야 한다. 그렇게 되면 인간의 역사는 마지막이 아니라, 새로운 시작을 하게 된다.

오늘날 인간은 가장 근본적인 선택을 해야 하는 기로에 놓여 있다. 즉 자본주의냐 공산주의냐를 선택하는 것이 아니라, 로봇이 될 것이냐 아니면 인본주의적 공동체 사회주의(Humanistic

Communitarian Socialism)로 갈 것이냐 하는 것이다.[117]

프롬이 보기에 여전히 어두운 그림자는 점점 퍼져가고 있고, 광기(狂氣, insanity)의 목소리는 커지고 있다. 우리는 위대한 삶을 살았던 스승의 비전에 부합된 인간다운 삶을 살고자 끊임없이 노력하고 있다. 그럼에도 불구하고 아직 모든 문명에 대한 파괴와 인간이 로봇화되는 위험에서 벗어나지 못하고 있다. 프롬은 수천 년 전 어느 작은 부족이 들었다는 신탁의 말을 옮겨 놓으면서 자신의 글을 맺고 있다.

"나는 네 앞에 삶과 죽음, 축복과 저주를 제시하였다. 그리고 너희들은 삶을 선택했다."[118]

또한 이것은 우리의 선택이기도 하다.

---

117 TSS, p. 363.
118 위의 책, 같은 곳.

에리히 프롬 연보 및
주요 저술 / 기타 자료

1900년 3월 23일 독일 프랑크푸르트에서 출생

1917년 하이델베르크, 프랑크푸르트, 뮌헨 대학에서 사회학 및 심리학 전공

1922년 하이델베르크 대학 철학박사 학위 획득

        뮌헨, 베를린 대학 정신분석연구소에서 정신분석학 연구

1926년 프리다 라이히만(Frieda Reichmann)과 결혼

1929년 프랑크푸르트 대학 사회연구소(Institut für Sozialforschung) 연구원

1933년 미국 시카고 정신분석연구소 초청으로 미국 방문

1934년 나치 탄압으로 미국으로 망명, 미국 콜롬비아대학 초청교수로 부임

1938년 신사회연구소(New School for Social Research) 연구원

1941년 *Escape from Freedom* 출간

        『자유에서의 도피』, 이극찬 역, 민중서관, 1959.

        『자유에서의 도피』, 이두상 역, 범우사, 1975.

        『자유로부터의 도피』, 이규호 역, 삼성출판사, 1976.

        『자유로부터의 도피』, 김석희 역, 휴머니스트, 2012.

1941년 베닝턴 대학 교수 부임

1944년 프리다 라이히만과 이혼, 헤니 구르란트(Henny Gurland)와 결혼

1947년　*Man for Himself* 출간

『인간상실과 인간회복』, 이극찬 역, 현대사상사, 1975.

『자기를 찾는 인간』, 박갑성/최현철 공역, 종로서적, 1982.

『자기를 위한 인간』, 강주현 역, 나무생각, 2018.

1950년　*Psychoanalysis and Religion* 출간

『정신분석과 종교』, 문학과 사회연구소 엮음, 청하출판사, 1983.

1951년　*The Forgotten Language* 출간

『잊어버린 언어』, 이경식 역, 현대사상사, 1975.

멕시코 국립대학 의학부 정신분석학 교수 취임

1952년　두 번째 부인 헤니 구르란트 사망(자살 추정)

1953년　애니스 프리먼(Annis Freeman)과 세 번째 결혼

1955년　*The Sane Society* 출간

『건전한 사회』, 김병익 역, 범우사, 1975.

『건전한 사회』, 이용호 역, 백조출판사, 1975.

『건전한 사회』, 이규호 역, 삼성출판사, 1976.

1956년　*The Art of Loving* 출간

『사랑의 기술』, 황문수 역, 문예출판사, 1976(제4판, 2017).

『사랑의 본질』, 박희진 역, 박영문고 102, 박영사, 1976.

1957년　미시간 주립대학교 교수 부임

1959년　『프로이트의 사명(*Sigmund Freud's Mission*)』 출간

1960년　*Zen Buddhism and Psychoanalysis* 출간

『선과 정신분석』, 김용정 역, 정음사, 1977.

1961년 『마르크스의 인간관(*Marx Concept of Man*)』 출간

1962년 *Beyond the Chains of Illusion* 출간

『환상의 사슬을 넘어서』, 진덕규 역, 전망사, 1978.

뉴욕대학 교수 부임

1963년 *The Dogma of Christ* 출간

『혁명적 인간』, 이용호 역, 백조출판사, 1975.

1964년 *The Heart of Man* 출간

『인간의 마음』, 황문수 역, 문예출판사, 1977(제3판, 2010).

1965년 *Socialist Humanism* 출간

『사회주의적 평화론』, 최혁순 역, 서음출판사, 1983.

1966년 『당신도 신이 될 수 있어(*You Shall Be as Gods*)』 출간

1968년 *Revolution of Hope* 출간

『희망의 혁명』, 최혁순 역, 서음출판사, 1983.

1970년 『정신분석의 위기(*The Crisis of Psychoanalysis*)』 출간

1973년 *The Anatomy of Human Destructiveness* 출간

『인간은 파괴적 동물인가』 상/하, 진덕규 역, 전망사, 1978.

1976년 *To Have or To Be?* 출간

『소유냐 존재냐』, 김진홍 역, 홍성사, 1978/차경아 역, 까치, 2020.

1979년 *Greatness and Limitation of Freud's Thought* 출간

『프로이트를 넘어서』, 김남석 역, 서음출판사, 1983.

1980년 3월 18일 스위스 무랄토(Muralto)에서 심장마비로 사망

1989년 *The Art of Being*, 라이너 풍크 편, 프롬 사후 출판

『존재의 기술』, 최승자 역, 도서출판 까치, 1994.

• 에리히 프롬, 인터뷰 및 평전

에반스, 리처드, 『에리히 프롬과의 대화』, 마상조 역, 문학과 지성사, 1976.

푀르스터, 옌스, 『에리히 프롬: 사랑의 혁명을 꿈꾼 휴머니스트』, 장혜경 역, 아르테, 2019.

Friedman, Lawrence J., *The Lives of Erich Fromm: Love's Prophet,* 2013.

_____, 『에리히 프롬 평전』, 김비 역, 글항아리, 2016.

Funk, Rainer, *Erich Fromm: His Life and Ideas*, New York: Continuum Pub., 2000(독일어판 영역본).

_____, 『내가 에리히 프롬에게 배운 것들』, 김희상 역, 갤리온, 2008.

_____, *Life Itself Is an Art: The Life and Work of Erich Fromm*(Psychoanalytic Horizons), Bloomsbury Academic, 2019.

[세창명저산책]

세창명저산책은 현대 지성과 사상을 형성한 명저를 우리 지식인들의 손으로 풀어 쓴 해설서입니다.

· 세창명저산책은 계속 이어집니다.